「超古代」の黙示録

後藤まさし
Masashi Goto

たま出版

プロローグ

この本を書くきっかけになったのは、あまりにも「情けない日本人」が増えてきたからです。

なぜそのようになってしまったのでしょうか?

自分の「存在意義」も知らない。世界の中の日本人としての「誇り」もないし、「自信」もない。ただ、気付いた時は生まれていた。何となく義務教育を終えて成績次第では進学する。高校、大学を出たからといって、特に何かをやろう、やらなければという「志」もない。どこかの企業か、役所か、適当なところへ勤めてサラリーをもらい、やがて縁ある人に恋をして結婚する。子供が出来て、いつしか何となく生活に追われる。くたびれたところで定年を迎え、年金の心配やら健康の心配やら老後の心配をしながら、やがて死んでいく。

これでは、夢も希望もありません。一部の人は一攫千金を夢見て宝くじを買ったり、何らかの金儲けを考えます。金を持てば好きなことができる。幸せになるには、金は不可欠だと思っている人は多いようです。金を持つことは幸福の手段かもしれない。

しかし、本当の心の満足は決して金では得られない。南半球では、まだまだ飢えが解消されない国々が多いのですが、そんな国に住んだとして、自分だけ裕福においしいものを食べて、着飾って、大邸宅に住んで、本当に満足できるでしょうか。本当の心休まる満足とは、周りの人もみんな裕福で、自分と同じような生活をしている時ではないでしょうか。

そのような心の満足を得るために、何をしたらよいでしょうか。あなたに「できる」ことが、あるはずです。

自分は人として、なぜ生まれてきたのか？

どこから来たのか？

本当は何をするために来たのか？　何をしたらよいのか？

日本人の「ルーツ」はどこから来ているのか？

生きる目的はあるのか？

いかに生きたらよいのか？

誰でも一度は考えたであろう疑問が明確になります。この本を読み終えた時、あなたは変わるでしょう。前を見据えて生き生きしてくるでしょう。一日一日が大切になってきます。どんなに絶望しても、自殺など考えなくなります。「宇宙《うちゅう》産の仕組み」が分かるからです。

期待しながら読み進んで下さい。「事実は小説より奇なり」といいます。途中で「まさか」と思う人もいるでしょう。しかし読み進むうちに、その客観性が解り、その隠された証跡が示される時、信じざるを得なくなるのです。

世界の誰も知らないことが分かる不思議

私がこの本を書くにあたっては、ある「カラクリ」があります。

「カラクリ」があるとは、仕掛けがあるということです。

それは何かといいますと、私にすべての「貴重な情報」を与えて下さる「ある人物の存在」です。「K」さんとしておきます。いずれ皆さんにご紹介できる日がくるでしょう。今はあえて伏せておきます。この「K」さんはすごい方なのです。この本の内容に興味を持った方は、いつかお会いすることができるでしょう。楽しみにしていて下さい。

「K」さんが、なぜすごいのか説明しましょう。世の中には、霊能者とかチャネラーと呼ばれる人がたくさんいらっしゃいます。チャネラーは他の惑星人とコンタクトして、他の宇宙《うちゅう》産の情報をキャッチします。霊能者は死んだ世界の人とコンタクトして霊言を伝えます。

本物もあるでしょうし、偽物もたくさんあります。一番困るのは、真実かどうか確かめようがないことです。ただ信じるしかない世界ですから、信仰のようになってしまいます。要は客観性がないということです。

「K」さんは、いわゆる霊能者ではありません。そのような次元の人ではないのですが、あらゆる歴史の真実が判ってしまう。太陽系宇宙《うちゅう》産の仕組みが解ってしまう。そして、それを実証できる。

「信仰して信じなさい」という世界ではありません。「K」さんが、どうしてこのような力を授かったのか、訳があるのでしょうが、今はそのことよりも、どんな力があるのかをご紹介します。


天界のあるお方から、この方に啓示が降りるようになり、最初の大きな啓示は平成元年二月二十四日、昭和天皇の大葬の礼をNHKテレビで見ながらお見送りしている時でした。一瞬、画面が真っ白になったかと思うと、ある画像が映ったのです。それは、日本が不戦の誓いを表す「神聖画」、現代の「曼荼羅」ともいうべき不思議な画像でした。ある方の声が聞こえ、「この画像を絵にして広く世の中に普遍しなさい」と言うのでした。

「K」さんは絵など描いたことはありません。

「そんなこと、できません」と思わず声を出して叫びました。

「あの方にお願いしてみなさい。後はこちらで教えます」との天の声でした。

絵を描く時、空想画ならともかく、口で伝えて、それを具体的な絵にするなど、古今東西、例がありません。

その画像は夢の中にまで現れ、消えない記憶となって、以前に不思議なご縁で知った広島在住のある画伯に依頼されたのでした。もちろん、この画家も「見ない物は描けない」とお断りされたのですが……。

画家のお宅に四日間泊まり込んで口頭で伝えながら、スケッチを重ね、一枚の絵が完成したのでした。

それが、「不戦を誓う神聖画」です。

この絵は、全国の名のある神社、寺院に数年がかりで届けられました。残念ながら、いまだ天皇家にはお届けすることができないでいますが、秋篠宮家には届けられました。平成十六年十一月、秋篠宮殿下にご縁のある方を通じてお届けできたのですが、平成十八年二月の早々に発表された慶事は、このことと無関係ではないように感じております。

それくらい不思議なパワーを秘めた絵なのです。

なぜ昭和天皇の葬儀の日にこの画像が示されたのか、これには深い訳があるのですが、今は先に進みます。

こうして、事あるごとにある方のお声が聞こえ、指導を受けるようになったのです。日本の古代の出来事など、何でも知らされます。歴史書に書かれている間違いを指摘されるのはもとより、どこにも記録されていない史実が明確にされるのです。

知らされた場所をたどってみると、確かに何らかの証跡が発見されるのです。「巨大な力」がはたらいているのです。もちろん、それにも訳があります。偶然の出来事ではありません。また、何者かがこの方に憑依して「金儲けさせてやろう」というような次元の話では当然ありません。

その訳とは、「人類を救う、日本を救う」という目的のためです。このまま世界が進んでいけば、もうすぐ人類は滅びます。皆さんも予感されていませんか？　世界が平穏で豊かな暮らしができる方向に進んでいると感じられますか？　世界から飢餓が無くなり、世界中の子供たちが何不自由なく駆け回れる世の中になりつつあると、あなたは思いますか？

悲しいことですが、まったく違う方向に加速度をつけて坂道を転がり落ちるように、日増しに状況は悪くなっているのです。世界の平和は国連では機能しません。核を保有した国が、思い通りに世界を動かそうとしています。「核拡散防止条約」を作り、核を持とうとする国を牽制しますが、これでは不平等というべきでしょう。なぜ核を廃止しようとしないのでしょうか？　すべて、国のエゴです。エゴ丸出しでは世界の平和は実現しないのです。

では、それを改革するために私たちは何をしたらよいのでしょうか？　あなたに何ができそうですか？

その答えは「何もできません。誰かが何かをやってくれるのを期待するしか……」。この虚しい期待は次から次へと裏切られることでしょう。期待できないのであれば何か行動しなければなりません。

しかし、「何をしたらよいのか分からない」のです。それが善良な一般国民の本当の姿だと思います。それを、天界から見られた宇宙《うちゅう》産創造の大霊神理気《れいしんりき》が、ある方を遣《つか》わせて「K」さんに働きかけておられるのです。

その知らされた秘密を、そのままにしてはおけない衝動があります。一人でも多くの人にお知らせしたい、知ってもらいたい。だから、こうして書き始めました。

皆さんは、超古代から縄文時代、弥生時代、飛鳥・奈良・平安時代と過去の失われた史実をたどり、それを知ることにより、正しい判断、正しい生き方を学んで下さい。

●「超古代」の黙示録　目次

第2章　世界へ伝わった「神の霊神理気」

第3章　古事記・日本書紀の「嘘」

第4章　戦争の後始末

第5章　知恵と知瑠恵《しるめぐみ》の違い

第6章　「天皇制」と「憲法九条」

第7章　世界の現状と日本の生きる道

第1章

人類の起源・零迦児《むかご》

「人類は猿から進化した」は間違い

ダーウィンが進化論を発表し、「人類は猿から進化した」という学説を唱えました。しかし、これはまったくの間違いであることが分かります。人間に近い猿は存在せず、発掘されることもありません。猿は猿、人間は人間です。人類の最初は、一体どのようにして誕生したのか？　これは誰にも分からない謎です。

この謎が明確になりました。これはすごいことなのです。ノーベル賞級の生物学者が色々推論して、人類の起源は七百万年位前ではないかというところまできました。そして、DNAやミトコンドリアを解明して、「人類の祖先は一人の女性から発祥しているのではないか」というところまでは、何とかたどり着いたのですが、そこまでが精一杯なのです。

今回、世界で初めて、人類の祖先が意外な形で産まれたということが分かったのです。今から述べることは、フィクションではありません。お伽話か、空想物語かと思う方もおられるでしょう。まずはお読み下さい。

人間の〝もと〟は、免疫所、天記津州《あきつしま》・与謝津《よさかい》・真名井原《まないはら》（現在の宮津市）丹庭《たにわ》に、零《む》迦児《かご》として天から降ろされたのです。

その場所は、現在の籠《この》神社、奥宮の辺りです。今から七二〇万年前の出来事です。つがいの零迦児《むかご》は、天が吹かせた風に舞い上がり、松の木の上の、コウノトリの巣の中に上手く入り、巣もろとも海に落ちました。

そして、与謝海を流されながら巣の中で脱皮を繰り返し、外洋へ流されないようコウノトリたちに見守られながら、無事に舞鶴の地、丹生《にゅう》川の入り江の辺《ほとり》にたどり着き、山羊の乳などを与えられながら、洞窟の中で動物たちに見守られ、やがて童児、童女として成長していきました。この洞窟の跡は、今でもかすかに残っております。

余談ですが、「赤ちゃんをコウノトリが運んでくる」というのは、これに由来しております。「舞鶴」という地名も、コウノトリが舞い戻ったところから、この地名が残りました。

零《む》迦児《かご》は、繭《まゆ》のような瓢箪《ひょうたん》のような形をしていましたが、それが何度も脱皮して人間の姿になりました。これを「ひょうたんから駒」といっています。

不思議なお話ですが、一つの細胞の中に、ミトコンドリアが三千個程活動していることが分かってきたのですが、その形は零迦児《むかご》そっくりだということです。

この童児、童女がどのようにして成長したのか、少し詳しくお伝えしましょう。エデンの園と同じ状態ですが、二人きりの童女、童児は寄り添いながら、いろいろな生きるための体験をしていきます。小鳥たちや小動物と一緒の生活です。彼らに教えられ、助けられることも多かったのです。

密生した桧《ひのき》の樹が音を出してきしみながら発火した時、火を起こす術を学びました。生で食べるより火を使ったほうがおいしいことを知りました。火の傍《そば》にあった粘土が形を造っているのを見て、素焼きを造ることを学びました。

仲良く楽しく暮らしていた二人ですが、ある時、目の前で小鳥やリスなどの小動物が交尾している姿を見て、童女は顔を赤らめました。そして寝屋を別にしたいと言い出しました。童児も男として、もっともっといろいろな事を知りたい、学びたいと思っていましたから、すぐ同意し、やがて一緒に生活するのでなく、別々の場所で暮らすことを提案します。

童女は、自分が「あんなことを言ったからだ」と気にしますが、再会を約束して、涙の別れをするのです。今日、旅立つという日、見送るのですが、別れが辛くて、どこまでもついていってしまうのでした。遠敷川《おにゅうがわ》の鵜《う》の瀬（現在の小浜市）まで来た時、いよいよ別れの決心をします。このようにして、二人は別々の場所で過ごすのですが、童女は滋賀県・乳首島《ちちくびじま》（竹生島《ちくぶしま》）の地で初潮を迎えます。

後世、成熟した女性をお祭りする「弁天さま」は、お宮が池で囲われていますが、女性を守るという意味で、ここから発生しているのです。

童女は滋賀県『多賀・栗栖《くりす》』の地へ行き、そこで麻の皮の繊維が引っ張っても切れない丈夫さがあることを知ります。そして、童児にもらった蔓《つる》で編んだ篭《かご》にヒントを得て、生身の体を擁護する麻衣を編み出すことができました。それを、左肩から右下へ斜めに掛けて、身に纏《まと》いました。

これが人類の衣服の始まりです。そして三重県員弁《いまべ》・麻生田《おおだ》を住まいとし、野生の麻を使って麻織物に専念しました。三年近く住み、やがて童児に再会するため南へ南へと旅立つのです。

この頃、いまだ大木はなく、若木が繁茂しているのですが、移動する時は、尾根伝いに歩くのが、方向を誤らないことを知っていました。三重県御在所岳《ございしょだけ》、大明神山にも登りながら、ついに宮川を渡り、現在の月夜見宮の宮内で、懐かしい童児と無事に再会したのでした。

天から降ろされた二人ですから、道に迷ったり、困った時は絶えず天から教えられたのです。二人は、童児の案内で神筋山神祇《かみじやましんぎ》の地内を、くまなく歩きながら、神祀《かみまつ》りにふさわしい神霊地を探しました。何しろ、天界の声がいつも聞こえるのですから、何をするにしても意識は天に向かうのです。

二人は結婚するのですが、その前に儀式がありました。

麻生田《おおだ》で織り上げ、用意していた「白妙《しらたえ》」を身にまとい、二人が天界の天《てん》の意和戸《いわど》を出る時、神と誓った「御難賛助《ごなんさんじょ》」の御誓約《うけい》、すなわち、「絶対に争ったり殺し合ったりせず、助け合います」という契約を、人間として地上生命界に実現していくため、そして生命界の「和」が永遠弥栄《いやさか》に保たれるために契約を確認、更新する大嘗《だいじょうしん》神祇祭《ぎさい》をした上で結婚したのです。

この二人とは、今まで神話の世界に閉じ込められていた「初代・伊邪那岐尊《いざなぎのみこと》・伊邪那美命《いざなみのみこと》」その人です。

この方々が人類の起源であるため、「人祖《じんそ》」と呼びます。旧約聖書では、アダムとイヴになりますが、現実のストーリーは、聖書とは大分異なるようです。ちなみに、「みこと」と書く場合、男子は「尊」、女子は「命」になります。

天皇がご結婚される時、束帯を掛け、大嘗《だいじょうしん》神祇祭《ぎさい》が執り行われますが、これは人祖の結婚時の儀式に基づいているのです。束帯は、天から霊神理気が降りていることを形として表しているのです。大切なことは、束帯の意味を認識し、「御難賛助」の誓いをすることにあるのですが、形だけが残って、肝心なところは忘れ去られているようです。

生命誕生の天界の仕組み

人類の祖先は、「伊邪那岐・伊邪那美」の男女お二人だったことが分かりました。零迦児《むかこ》として、丹波の国、真名井原、丹庭《たにわ》に降ろされたのですが、そのように計画した天界の仕組みはどうなっているのでしょうか。私たちが住んでいる太陽系宇宙《うちゅう》産は、「十三示元津《かい》」で出来ているとのことです。

ちなみに、目に見える世界は「界」、見えない施津《せかい》を「津《かい》」で表現します。仏教ではこれを、「十三仏」で伝えております。

「日輪太陽」といいますが、「日輪」とはオーラとも呼び、「芒種《ぼうしゅ》のエネルギー」から成り立っています。「芒種《ぼうしゅ》」とは、種を蒔《ま》き育てることをいいます。

生命の元は、太陽で創られる「丹《に》」から始まります。ここでいう生命とは、「動物、植物、人間」のすべての生命を指します。

この「丹《に》」と「芒種のエネルギー」が太陽の「真光」に乗って「丹光《にこう》」として光速で飛んでいく先は、太陽系宇宙産《うちゅう》の最果て、厳寒の位置にある、肉眼では見えない「宇宙産《うちゅう》・迂迦《うが》の障壁賀《しょうへきが》」です。「丹《に》」は灼熱の太陽から厳寒の障壁賀《しょうへきが》までの旅をするわけです。

障壁賀は宇宙産《うちゅう》のお腹で、その中にある天王平《てんのうびら》が子宮の役割をします。人間でいえば、卵子を製造して精子の侵入を待ち、精子がたどり着けば生命が誕生するわけですが、障壁賀の天王平では、各示元津から集められた「生《しょう》」を育てているのです。

余談ですが、大覚寺や二条城の奥に、「障壁の間」という場所があります。これは、天皇や将軍の寝室であり、セックスをすることにより子供が誕生することを表しており、昔の人はこの言葉を知っていたのです。また、障壁画が襖《ふすま》絵として描かれていますが、本来は寝室に描かれる絵だったのです。

迂迦《うが》の障壁賀《しょうへきが》にある天王平の「天の意和戸《てんいわど》」の前に「丹光《にこう》」が届き、光は太陽へ帰されます。残された「丹《に》」が障壁賀の天王平にたどり着いて、「生《しょう》」と合体し「丹生《にしょう》」となります。宇宙産《うちゅう》の大空間を、丹光が飛び交う姿は、雅《みやび》そのものだといいます。

太陽から発せられる真光は、まばゆい黄金色ですが、天王平に反射して「裏光《りこう》」となった真光は薄明るい紫色で、この行き交う光が交差し緩衝し合いながら、地球周辺に無色透明の真空光帯を造るのです。

さて、この障壁賀の天王平の中は、植物・動物・人間と三つに区分けされています。そして、それぞれの丹生《にしょう》が飛び立つ「天《てん》の意和戸《いわど》」があるのです。この三つの「意和戸」の話は重要です。なぜなら、それを証明する証拠が日本に隠されているからなのです。ここでは先を急ぎます。

意和戸を出る前に、丹生《にしょう》に魂が入れられ、丹生《にしょう》・丹生魂《にゅうこん》遺伝子となります。この時、後述する「大正腑《だいしょうぶ》・天神」の大霊神理気により、「正義」と「良心」の腑によって正腑の魂が「丹生《にしょう》・丹生魂《にゅうこん》遺伝子」にインプットされ、「善・悪」をわきまえる遺伝子となるのです。

最初に「植物」になるにふさわしい遺伝子が切り離され、「意和度」を出る時、大霊神理気により「個切理子《こきりこ》」「個切理子」と囃《はや》したてられながら出てくるのです。この「個切理子」については、成世昌平さんの「はぐれコキリコ」にも歌われておりますが、富山県・五個山の白山神社で伝え残されており、「個切理子」の波動を出す道具も売られております。これが、「丹波波動」といわれるものです。

同様にして、次は「動物」になるにふさわしい遺伝子が切り離されます。この「丹生《にしょう》・丹生魂《にゅうこん》遺伝子」は迂迦《うが》の障壁賀に添いながら、ものすごい速さで、星々の雅の施津《せかい》をかけめぐり、この生命界・宇宙産《うちゅう》を普遍不滅に安定させていく、公転の原動力エネルギーを司りながら月界に到達します。植物、動物に続いて、人間にふさわしい「丹生《にしょう》・丹生魂《にゅうこん》遺伝子」が集められ、宇宙産《うちゅう》迂迦の障壁賀を離れる時に、人間の生命継承権《せいめいけいしょうけん》・憲邪《けんじゃ》との間で、ある契約をします。ちなみに人間の生命継承権・憲邪とは「人租」である伊邪那岐・伊邪那美人神を指します。

人間が生命界で争い殺し合ったのでは、何のために天命が人間を降臨させたのか意味がなくなります。したがって、「争い戦いをしない」と誓う「御難賛助《ごなんさんじょ》の御誓約《うけい》」の産霊《むすび》をした後、天の意和戸を出ることを許されます。

宇宙産《うちゅう》迂迦の障壁賀を後にして、その障壁賀に添いながら宇宙産《うちゅう》の公転原動力エネルギーとなるために、猛スピードで回転しながら星々の散りばむ「雅の施津《せかい》」を通り越し、植物、動物と同じく月界に到着します。

そこで「丹生《にしょう》・丹生魂遺伝子《にゅうこん》」は、生命と生まれ変わるために霊生《れいしょう》丹生魂が持っている「八十二」の霊生染色体を二つに分けて、男には「四十二」、女には「四十」を与え、「生命の波動」丹波波動と愛染生成《あいぜんいなり》波動を授け、男と女に分けられるのです。

最近、「女系天皇を認めてもよいのではないか」という声がありますが、それを認めることは万世一系の天皇制が崩壊することを意味しています。男系でないと、「四十二」の染色体が伝わらないからなのです。

月よりの使者として、地球の聖地にある丹庭《たにわ》を丹庭波動が探し求めて天記津州《あきつしま》にある「丹の庭」、丹波の国の「貴天原《たかあまはら》」真名井原の丹庭《たにわ》に到着したのです。人類の最初は、つがいの零迦児《むかご》として、丹庭に降ろされたことは、前に述べた通りです。

不思議だと思いませんか？　京都にある「丹波《たんば》」という地名です。太陽で生まれた丹《に》が

「丹生《にしょう》・丹生魂《にゅうこん》遺伝子」となって初めて地球に到達する、その丹《に》の波動を出している場所、それが丹波だというのですから。

面白いお話をしましょう。「丹波波動」とはどういうものか、ということです。

生命が誕生する時、赤ん坊が発する波動ですが、こんな例があります。ライオンなどの肉食獣が鹿などの草食動物を襲うとします。逃げ遅れた幼い子鹿が、その時、不思議な声、波動を出すのです。それを聞いた肉食獣は、その獲物を襲うことをやめるのです。恐怖を知らずに近づく小鹿に、お乳を与えることもあるのです。過日、その貴重なシーンをテレビで放映していましたが、ご覧になった方もおられるでしょう。

つがいの零迦児《むかご》が脱皮を繰り返しながら、丹波波動を出す時、周りの動物がお乳を与えたり、屎尿《しにょう》を処理したりして世話をするのも、このような摂理が働くからなのです。

ところで、長い歴史の中で、何かの「証跡」をたどろうとする時、そこには必ず神社が建てられているのですが、考えてみれば不思議な話です。神社の周辺に住む人は、いろいろな神祀《かみまつ》り・祭りを伝統的に受け継いでおられたり、それも途絶えてしまったりしていますが、いずれにしても、その意味はほとんど分からなくなっているようです。

太陽系大宇宙産《うちゅう》の「霊神理気《れいしんりき》」

この宇宙産《うちゅう》は、自然に偶然に出来たとお考えでしょうか？

太陽は惑星を従えて、約二万六千年の周期でアルシオネという銀河の中心太陽を廻っています。太陽の周りを、地球は約一年かけて廻ります。その地球は約二十四時間で一回転します。月も規則正しく地球を廻り、潮の満引《みちひき》を起こすだけでなく、その莫大な摩擦熱によって地球の内部のマグマに刺激を与え、地球はいつまでも冷えることなく生物を育み続けられるといいます。

太陽をはじめとして、惑星などはまったく意思のない鉱物に過ぎないと考えがちですが、その考えは間違っているのです。人間には及びもつかない意思を持って、あらゆる生命を生かすためはたらいているのです。何一つ偶然のない「仕組まれた世界」なのです。すごいことだと思いませんか。

このような宇宙産《うちゅう》を誰が創ったのでしょうか？　西洋では、「創造主」といいますが、具体的な形のある誰かではありません。

しかし明らかに、「宇宙《うちゅう》産創造の大御意思《おおみごころ》」は存在するのです。イエス・キリストは神の子といわれましたが、神ではありません。イエスは「天にまします我らの父よ」と宇宙《うちゅう》産創造の大御意思《おおみごころ》にはたらきかけられました。また、「主よ」とも呼ばれています。いずれにしても、そのような絶対の霊神理気が存在することを認めなければなりません。

「K」さんは、それを「大正腑《だいしょうぶ》・天神《てんじん》の大霊神理気」と見抜いておられます。そのことを、日本で最初に気付いた方は日本武尊《やまとたけるのみこと》でした。これについては、後述します。

この大霊神理気が太陽系宇宙《うちゅう》産の創造に関わっているのですが、先にお伝えしたように、人間が「天《てん》の意和戸《いわど》」を出るにあたって、「正義」と「良心」をインプットされる仕組みにも関わっておられます。昨今の人間は良心も正義も忘れ果てて、己の欲のために人を騙したり、陥れたり、そして金さえ手に入れれば「勝ち」だと思っている輩が増えつつありますが、そんなことで片が付くような「仕組み」ではありません。小賢しい人間の知恵など、吹っ飛んでしまいます。嘘だと思うなら結末をよく見ることです。

さて先程、宇宙《うちゅう》産の太陽、惑星、月には意思があると、お伝えしました。この意思とは、すべて霊神理気なのです。地球に最初に降り立った人祖は、このことを明確にして子供たちや子孫に伝えたのです。

少し難しい神々の名前が出てきますが、辛抱していただいて読むだけ読んで下さい。

まず、太陽ですが、「日輪太陽界神《にちりんたいようかいしん》」（息津《おきつ》）といいます。
続いて宇宙産迂迦《うちゅううが》の「宇宙産迂迦神《うちゅううがしん》」（湍津《たぎつ》）
人祖を送り出した「天生零迦児神《あうむかごのかみ》」（東生《とおう》）
月は「月暦見満引神《つきよみみちひきかみ》」（卯根《うこん》）
地球は「産土之地球神《うぶすなのちきゅうしん》」（邊津《へつ》）。
以上、五神を「絶対五神」生命生産出しの神と呼んでいます。この他に、植物、動物の神がおられますが、それについては後述します。

そして、日輪太陽から「丹《に》」が生み出され、「芒種《ぼうしゅ》のエネルギー」と共に太陽の「真光」に乗って、丹光《にこう》として宇宙《うちゅう》産迂迦の障壁賀へ飛んでいく、この仕組みを司る神理気として、「天照皇大御神《あまてらすすめらおおみかみ》」がおられます。

これで八神になります。総称して「八和幡之大神《やわた》」とお呼びするのです。日本のあちらこちらに八幡《はちまん》神社がありますが、ここからきています。また後世、訳があって、「八和幡之大神《やわた》」を祀《まつ》ることを禁じられたため、仏教を隠れみのとして、「八幡大菩薩《はちまん》」としているのも同じ神です。

この太陽系宇宙《うちゅう》産を創造され、コントロールされている大霊神理気を「大正腑・天神」の神と呼び、先に述べた「絶対五神」と「天照皇大御神《あまてらすすめらおおかみ》」を加えた六神、すなわち丹生《にしょう》・丹生魂遺伝子《にゅうこん》を生み出す「神仕組み」を「天津神《あまつかみ》」といいます。

そして、次章で述べる「植物」「動物」の神と「人祖」である伊邪那岐・伊邪那美人神、すなわち生命誕生の神を「国津神《くにつかみ》」というのです。

初代・伊邪那岐尊・伊邪那美命が人祖として人類発展の基礎を築かれ、やがて天界に帰られたわけですが、このお二方を「人神《ひとかみ》」として、先の八神に加え、「九気九神・伊勢生《いせい》成《なり》の神」と呼んでいます。

「伊勢生成《いせいいなり》」とは、地上に生命が繁栄発展していくために、雄蕊《おしべ》・雌蕊《めしべ》、オス雌、男女を設け、異性が生命を育んでいく姿を表しております。植物・動物・人間が一体となって、「生えて生やす、産んで産まれる、食べて食べられる」という、この生命連鎖、輪廻転生の仕組みを創られたのです。

いろいろな神々がおられますが、このようにして、太陽系宇宙《うちゅう》産全体の霊神理気を神として明確にしているのは日本だけです。だからといって、多神教という意味ではありません。

イスラム教では、「アラーの神」を崇《あが》めていますが、日本でいえば「息津神《おきつがみ》」になります。キリスト教でいう神は、「大正腑・天神」になります。仏教でいう「阿弥陀如来」は「天照皇大御神《あまてらすすめらおおみかみ》」のことです。

「大日如来」「月光菩薩」も先程述べた神を、仏陀が、仏の名前に置き換えられたものです。

植物・動物の発生

人類のスタートは、つがいの零迦児《むかご》でした。この零迦児が降ろされるよりずっと古い時代に植物が降ろされ、その後、動物が降ろされました。

天界の仕組みは人間と同じようなものです。最初に植物になるにふさわしい丹生魂《にゅうこん》遺伝子が集められ、伊勢《いせい》で生成《いなり》の生身《なまみ》の生命に生まれ変わるために、丹波波動と愛染《あいぜん》生成《いなり》波動が授けられます。伊勢《いせい》とは異性の総称で、雄蕊、雌蕊、雄、雌、男、女の世界です。生成《いなり》とは、生命が与えられることをいいます。

そこで初めて、丹生《にしょう》の丹生魂《にゅうこん》遺伝子が、バランスよく雄蕊と雌蕊に区分けされて、「生命界生産土《うぶすな》の聖地である天記津州《あきつしま》の免疫所・与謝津《よさかい》、丹庭《たにわ》に降臨すべし」の天命により、丹生魂《にゅうこん》自体にある丹に導かれて降臨されたのが植物の元生産親《もとうみおや》で、三大太元帥のお一方「皇親《すめらかむつ》・神漏樹《かむろぎ》六根神《ろくねのかみ》」の太元帥明王でした。今の京都府与謝郡峰山町にある藤社《ふじこそ》神社の宮内になります。

この天記津州の与謝郡と与謝の海を併せた場所を与謝津《よさかい》といい、与謝津とは生命を導き育てはぐくむことが許される、唯一の免疫所だったのです。「天記津州《あきつしま》」とは、天命が記し置かれた島という意味で日本列島のことを表しています。

続いて、動物になるにふさわしい丹生《にしょう》の遺伝子が集められて月界に降ろされ、生命として誕生するために丹波波動と愛染《あいぜん》生成《いなり》波動が授けられます。植物と同じく丹生《にしょう》の丹生魂《にゅうこん》遺伝子がバランスよく雄と雌に区分けされ、生命として誕生するために、生産土《うぶすま》の地球の聖地、与謝津《よさかい》・天記津州《あきつしま》の「宮内」に降臨されたのが動物の元生産親《もとうみおや》で、三大太元師のお一方「皇親《すめらかむつ》・神漏《かむろう》身《み》六根神《ろっこんかみ》」の太元師明王で、動物の世界（施津《せかい》）を司られました。その場所は同じく、現在の与謝郡峰山町にあり、比沼麻奈為《ひぬまない》神社が祀られております。

ちなみに、三大太元師の、あとのお一方は、人祖が亡くなられてから人神となられましたが、その方をいいます。

ところで、奈良・吉野川沿いに三つの神社が建てられているのを、ご存知でしょうか。

「丹生《にゅう》　川上神社」といいますが、上社《かみしゃ》、中社、下社とあります。

丹生《にゅう》とは丹生魂遺伝子を表しており、上社は植物の神である「皇親《すめらかむつ》・神漏樹六根神《かむろぎろくねのかみ》」、中社は人間である「人祖・伊邪那岐・伊邪那美人神」、そして下社は動物の神「皇親《すめらかむつ》・神《かむ》漏身六根神《ろうみろっこんかみ》」が、それぞれ祀られています。

上社はダム建設のため移築され、現在は高台に建て替えられています。

第2章

世界へ伝わった「神の霊神理気」

人祖から誕生した大丹生家《おにゅうけ》・丹生家《にゅうけ》

さて、伊邪那岐尊・伊邪那美命の話に戻ります。

結婚したお二人は、童女が初めて織物をされた滋賀県「多賀・栗栖」の地が大変住みよかったので、そこへ向かわれる途中、三重県・員弁《いなべ》の「饗庭《あいば》」の地で人類最初となる妊娠に気付かれました（現在、饗庭《あいば》神社が残されています）。

当時、寿命は数千年以上あったそうですが、その後、天命により三十八人のお子を産み、その地で育てられました。男女それぞれ十九名ずつのお子でした。そして天命に従い、現在の滋賀県・多賀町にある霊仙山《りょうせんざん》の山頂に三十八名のお子たちを集わせ、輪になって順序よく一人ひとりに、天に向かって大きな声で違った発声をさせたのでした。そうすると、天上神霊津《しんれいかい》より、一言ずつ違った霊言《れいげん》が返されてきたのです。

併せて七十六の霊言、言霊《ことだま》になります。

すなわち、これが七六《なむ》の言霊となり、これだけの言霊があれば、絶対に争い戦いにはならない「七六《なむ》の大和詞《やまとことば》」として誕生したのでした。

しかしながら、後に権力により七十六の言霊が、五十音に削られていく中で、「対等、平等」の人権が損なわれ、ついに現代では二十六音（アルファベット）の言霊が支配する世界になりました。これでは、人類の安全保障はなくなり、言霊舌足らずの分が武器となって補われるということになり、どこまでいっても人間同士の安全が保障されることはないのです。

聖書の冒頭に「初めに詞《ことば》ありき」と伝えられているのは、このことなのです。

さて、この三十八名のお子たちは長じてそれぞれ十九組の夫婦となり、長男夫婦は大丹生家《おにゅうけ》・皇《すめらぎ》となり、他の十八組は丹生家として皇《すめらぎ》を支え補佐するために畿内に配置されます。

その後、子孫は鼠算式にどんどんと増えていきます。やがて時が経つにつれ、五色の遺伝子を組み込まれた人類の祖先が、北のほうから島続き陸続きに大陸へと広がっていき、気候・風土に順応しながら長い年月を経るうちに、今のような肌の色に変化していったのでした。長い地球の歴史の中で、他の宇宙《うちゅう》産の惑星人が飛来したこともあったようですが、ここでは触れません。

人祖より伝えられている「伊勢《いせい》の神」を学ばれた「釈尊」が残された経文には、天界の父母と人類が最初に対話した七六《なむ》がすべて基であり、そこへ帰依することを意味して、「南無」で始まっているのです。

地球上に初めて人祖として植物、動物しか存在しない日本列島、丹波の国に降臨された伊邪那岐尊・伊邪那美命は、天命により人類発展の基となる三十八名のお子を産み育てられ、「大丹生家《おにゅうけ》・皇《すめらぎ》」とそれを補佐する「丹生家《にゅうけ》」の制度を決められました。

また、何より大切なこと、それは「御難賛助」の誓いです。

「決して、争ったり、殺し合ってはなりません」ということを教えられました。これは今にして思えば、極めて重要な教えです。そして言葉を確立され、衣服、素焼き、火を使うことを伝えられ、さらに「宇宙《うちゅう》産の仕組み」、すなわち「すべてのもの」には目には見えない霊神理気が宿っていることを教えられました。

後世、人が集まる賑やかな場所を「都」と呼びましたが、その源は「三八子《みやこ》」からきています。三十八人のお子が集う場所が「みやこ」なのです。

そして一万年近い時が流れ、いよいよ天に帰られる時がきました。米原の「醒ケ井《さめがい》」から登った武奈山《ぶなやま》と比婆山《ひばやま》を二人の墓所「鳥居本《とりいもと》」と定め、お二人で「お山入り」をされました。

伊邪那岐尊は、武奈山の山頂に未申《ひつじさる》の方位、すなわち伊邪那美命のほうに向かって座られ、宵の明星・金星に向かって、そのまま天界に帰っていかれました。続いて伊邪那美命は、その十二時間後、比婆山の山頂に丑寅《うしとら》の方位、すなわち伊邪那岐尊のほうに向かって座られ、明けの明星を仰ぎながら帰っていかれました。

滋賀県・多賀大社の北にある「鳥居本」は墓所という意味ですが、ここより少し東の霊仙山麓に、人祖「初代」伊邪那岐尊・「初代」伊邪那美命の御陵があります。「大杉竜王大神」をお祀りする「北原竜宮」が、初代・伊邪那岐尊の御陵であり、丑寅《うしとら》の方角に祀られている「丑寅金神」です。南側に「比婆大神」を祀る社が、初代・伊邪那美命の御陵で、未申《ひつじさる》の方角に「未申金神」として地軸に沿って祀られています。興味のある方は、見事に一致する方位を確かめられたらいかがでしょうか。何しろ、地図も観測機器もない時代の出来事なのですから。

「北原竜宮」や「比婆大神」は、今まで大和民族の流れの中の「御嶽教《おんたけきょう》」の人々が秘かに隠し祀りをされてきた場所ですが、一体誰をお祀りしているのか、いつしか分からなくなり、この度、初めて明確になったことなのです。この貴重で尊いお方の墓所を、関係者で整え、「人祖」の御陵の存在を広く世の中にお伝えしていこうという運動も始まりました。

なお、家相を見る時、丑寅《うしとら》方向、すなわち東北を「鬼門」とし、未申《ひつじさる》、すなわち南西を「裏鬼門」として、トイレなどを配置しないように工夫したり、御祓いするのは、人祖の墓所のある方角を「貴門」として尊ぶところからきているのです。決して祟る鬼のいる恐ろしい方角ではないのです。

人祖の時代から初代・天照《あまてる》天皇による「大和」の統一まで

三十八名のお子を産み育てられた初代・伊邪那岐尊・伊邪那美命ですが、その子供たちが子供を産み、どんどんと増えていきました。鶴が偶然、羽の間に挟んで運んできた稲の種から米を作る陸稲が広がりました。陸稲の収穫は少なかったのですが、ある時、水たまりにたわわに茂った稲を見て、水稲のほうが稲の収穫につながることを発見します。

大丹生家《おにゅうけ》も丹生家も、田んぼを耕し水稲を普及しながら、のんびりと平穏に時が流れていきました。本来、大和民族は、あまり時を惜しんで働く民族ではなく、思い思いのペースで、ゆっくり楽しむ民族でしたが、後に権力が導入されると、少しでも働かせようと勤勉を強いられ変化させられたのです。

前にも述べましたが、長男は大丹生家・皇《すめらぎ》になり、「伊邪那岐」の時代は千五百代も世襲されていきました。時代は何百万年も下って、平和に推移した大丹生家・伊邪那岐皇《すめらぎ》世襲の時代は終わり、初代・天照《あまてる》天皇の時代に入ります。この時代から「天皇」と呼ぶようになります。

参考までにお伝えしますと、初代・天照天皇は世襲最後の伊邪那岐尊の長男ですが、初代・伊邪那岐尊をお祀りする斎王となるため、名前が変わったのです。

伊勢湾より西側を天照上尊《あまてるかみのみこと》が治め、東側を弟である速素佐之男尊《はやすさのおのみこと》が治めていましたが、鉄、銅の鉱石を産出する美濃の国、赤坂の地にある金産山《かなぶやま》を巡って険悪な状態になりました。

兄・天照上尊《あまてるかみのみこと》は、三重県鈴鹿・山本椿の庄に住む猿田彦尊《さるたのひこのみこと》に仲介を依頼します。猿田彦尊は何度も速素佐之男尊《はやすさのおのみこと》に足を運ばれ、説得されたのでした。兄、弟のお二人は三重県・多度の天王平で、戦を避けるために必死に話し合い、その結果、「御難賛助の御誓約《うけい》」をします。

すなわち、「お互いに無益な争いを止め、助け合っていこう」という誓いです。

この時、弟が精錬所で造った「天叢雲剣《あめのむらくもつるぎ》」を兄に贈り、天照上尊は、この剣を伊勢神宮に奉納しています。

このようにして、争いは回避され、大和の国が統一されました。平和な時代が続き、人の寿命も人祖やそのお子に比べて短くなっていましたが、今よりも長く、三百歳以上生きられたようです。今から約四千二百年前の出来事です。

歴史上初めての内閣が組織され、内閣は初代・天照天皇、速素佐之男尊《はやすさのおのみこと》をはじめ、その他十七名の国務大臣（国常立尊《くにとこたちのみこと》）にて編成されました。千五百年以上、平穏に時が流れていきました。いわゆる縄文の時代です。この時代のものとして、発掘される人骨に損傷がまったくないことが考古学でも報告されており、その平和を物語っております。

余談ですが、現在、天皇家に伝わる「菊の御紋」は十六弁ですが、本来は「聴区《きく》」の紋章であって、天皇を中心に十八名の国務大臣を表し十八弁でした。「きく」とは、花の菊ではなく「よく聴く」という意味だったのです。後に述べる天武天皇による歴史の改竄《かいざん》で、初代天照天皇、速素佐之男尊の二名は取り除かれ、現在の十六弁になっているのです。ところで、現在伊勢神宮の外宮に祀られているのは、初代・天照天皇と速素佐之男尊および時の国務大臣十七名です。「豊受大神《とようけのおおかみ》」と呼ばれています。

武力による天皇の交代

初代・天照天皇から数えて七代目、饒速日《にぎはやひ》天皇の時代、「自分も天皇家の血を引く身であれば、天皇になってもよいではないか」とばかり、九州から東征した神倭伊波礼毘古尊《かみやまといわれひこのみこと》が、中国から来ていた渡来人・秦氏などの勢力を伴って熊野から侵入、今までの皇祖皇宗、世襲最後の伊邪那岐尊・伊邪那美命の御陵であり、初代天照天皇・皇后の御陵、そして速素佐之男尊夫妻の墓所である大斎原《おおゆのはら》を占拠しました。大斎原は、現在の熊野大社の辺りになります。

初代・天照天皇の次男である道主貴《みちぬしむち》が、この当時、「天照皇大御神《あまてらすすめらおおみかみ》」を大陸へ伝えるために、九州に宗像大社《むなかたたいしゃ》を造営になり、家族で赴任されました。この時、一歳位のお子を連れて、高千穂の峰に登られたことがあります。

このお子が、ニニギノ尊であり、この子孫が神倭伊波礼毘古尊《かみやまといわれひこのみこと》になります。現在、古事記等で伝えられている「天皇家の祖先は、九州・日向・高千穂に降臨されたニニギノ尊」となっているのは、これに由来しています。饒速日《にぎはやひ》天皇は、ここで戦をしては、墓所は暴かれ、たとえ勝ったとしても天皇家は王家に堕してしまうと嘆かれ、結局戦わずして天皇の位を譲られました。

ところで、「天皇家と王家の違い」は、ご存知でしょうか？

王は武力で人民を征服し力で支配するのに対し、天皇は武力を使わず誰もが認める血統をもって周囲から擁立され、徳をもって民を統治するという大きな違いがあります。

「世界の国々多し」といえども、天皇を象徴として戴いている国は日本以外にありません。アメリカは、歴史二百年程度の若い国ですが、ヨーロッパには、歴史の古い国がたくさん存在します。その国々には、天皇でなく、王家が存在していました。ドイツのハプスブルク家、フランスのブルボーン家、ロシアのロマノフ家、イギリスのウィンザー家などです。

この王家に財政・会計担当として入り込み、実績をあげていったのがロスチャイルド一家です。彼らは王家にとってなくてはならない存在となり、やがて王家と婚姻関係を結び、同等以上の力を持つに至ったのですが、こうした平和的手段だけでなく莫大な資金を活用して、王家を弱体化させたり、潰すことにも成功しました。

ルイ十六世が倒れたフランス革命、マルクス、レーニンを使って共産革命を成功させ、莫大なロマノフ王家の財宝をせしめ王家を葬りました。今日において、ロスチャイルド一族の力は世界に轟き、中世の王家をはるかに凌いでいるのです。

神倭伊波礼毘古尊《かみやまといわれひこのみこと》に天皇の位を譲られた饒速日《にぎはやひ》は、今日から住む所とて定まらぬ身となってしまわれ、現在「酒見《さかみ》（逆身）神社」のある尾張一宮・今伊勢の地に、しばらくわび住まいされましたが、やがて新潟の弥彦島に流されていきました（弥彦島は現在、埋め立てや川の浸食・堆積作用等により陸続きになっています）。

その前に、饒速日《にぎはやひ》は初代・天照天皇から続く天皇家の系譜を神武に渡すわけにはいかず、元伊勢（現在の宮津、籠《この》神社）の海部《あまべ》宮司に預けにいきましたが、海部も「神武勢力に見つかれば、こことて危ない」ということで籠舟（流人舟）を仕立てました。それに饒速日を乗せ、弥彦島へ向かう途中、しばし陸路を歩かれるよう取り計らい、そこで出会うべく海部が手配した信頼できる武内宿禰《たけのうちすくね》に預けます。

これが日本の歴史を伝える「竹内文書《たけうちもんじょ》」として今も残っていますが、ほとんど紛失してわずか五分の一程度のようです。また、この事件を忘れない為、元伊勢・真名井神社は、「籠《この》神社」と呼ばれるようになります。

天皇として行幸された晴れ姿を知る土地の人々は、流人としての変わり果てたお姿を悼み、「天皇の御霊魂は、いつか、この地へ戻りたいであろう」と「浦島太郎の伝説」を創り、「浦島神社」を建てて、神武勢力に気付かれぬように、密かに饒速日《にぎはやひ》をお祀りしたのです。

連綿と続いた平和は、武力を用いた神武天皇の誕生で大きく変わってしまいました。人徳とか、人格で統治してきた天皇政治は、この時代から権力、武力で統治するようになっていったのです。

世界へ伝わった「神の霊神理気」の発展

初代天照天皇は、この世には三津《みっつ》の基督神理気《きとくしんりき》があることを神示により知らされました。三津とは三つの旋律《せかい》を表しています。まず「息津太陽《おきつ》」の基督神理気を中心に、三津の神理気が『力組』をされる元宮として、三重県志摩、神筋山《かみじやま》の麓に「内宮」を選びました。「息津太陽」の化神として、伊邪那人神をお祀りしました。

次に「湍津《たぎつ》菊理」の基督神理気の元宮を、同様に、加賀《かが》「白山比咩宮《しらやまひめみや》」としました。「菊理」とは「菊の紋章の理《ことわり》」を表し、大丹生家《おにゅうけ》を中心にして丹生家十八家を生産出《うみだ》した方、すなわち人祖である伊邪那美命を表しているのですが、「宇宙産《うちゅう》迂迦」の化神として、伊邪那美人神をお祀りしたのです。

そして、「邊津《へつ》地球」の基督神理気の元宮に、阿蘇《あそ》・霊津《れいかい》「幣立《へいたて》神宮」を選ばれました。

この三津《みっつ》の基督神理気の御神示を、広く大陸に伝えようと志され、現在の福岡県・宗像《むなかた》郡玄海町の西方はるかの海上に浮かぶ沖ノ島を日輪太陽「息津《おきつ》」と定められ、中ほどに浮かぶ大島を宇宙産《うちゅう》・迂迦御魂《うがのみたま》「湍津《たぎつ》」、一番大陸に接している田島を生産土《うぶすな》・聖地《せいち》・地球「邊津《へつ》」と定め、三津の基督神理気の宗像《もとすがた》を表したのです。

この宗像《もとすがた》をお祀りする神社を宗像大社《むなかたたいしゃ》といいます。宗像神社のご神体「三津基督神理気」は、大陸の西へ西へと伝えられました。

すなわち、息津、湍津、邊津の三つの神理気ですが、「生命生産出しの神理気」であることは、先にお伝えした通りです。そしてついに大陸の中程で、釈迦族の釈尊によって、三津の基督神理気のうちの宇宙産《うちゅう》・迂迦「湍津《たぎつ》」の神理気を中心として、三津の神理気が力組される「輪廻転生」の世界を、仏教として表わし伝えられました。

釈尊は、眼に見えない神理気を、どのように民衆に伝えたらよいか、苦慮され、仏の形で現すことを考えつかれたのです。仏教は、釈尊の説かれたものですが、その源は、初代天照天皇が伝えられた三津の基督神理気にあったのです。


さらに大陸の最果ての地、イスラエルの地にモーゼによって花開いたのは、三津の基督神理気のうちの、生産土《うぶすな》の聖地「邊津《へつ》」の神理気を中心として、三津の神理気が力組される、現象生命界「育てて召しいく」この世の定まり事を「十戒」として、また「愛と自由と知《し》瑠《る》恵《めぐみ》」をもって花開き、イエスの死により甦ったのが、基督《きとく》教（キリスト教）です。

このようにして、大八州《おおやしま》・日本列島をはじめとして、全邊津《へつ》（全地球）に三津《みっつ》の基督神理気の御神示が知れ渡り、世界の宗教の基になっていったのです。

ところで、キリスト教で「十字」を切るのはなぜでしょうか？

現在では、イエスが十字架で磔になられたのを表す為、十字を切っているのですが、それ以前からイエスは十字を切っておられたのです。その意味は、垂直が「国津神」、水平が

「天津神」を表し、先にお伝えした「国津神」「天津神」の交わる神祇《しんぎ》の地への祈りを表すためだったのです。「神祇の地」とは、地球上でただ一つ、日本の伊勢内宮のある辺りなのです。

六世紀後半から七世紀にかけて仏教伝来にはたらかれ、十七条憲法を定め、「和」の政治を心掛けられた聖徳太子は、仏教を活用して「補陀落《ほだらく》信仰」を興し、神武権力政治に弾圧されている天照派の人々を救いました。

「那智の海の向こうに極楽浄土があるので、みんな行きなさい」と言って、関東に逃したのです。那智はかつて神武が攻め入った場所ですが、そこにも「補陀落寺」が建てられています。沖合四キロあまりで黒潮に乗れ、関東までスムーズにたどり着くことができました。この行動は、狂信者の自殺願望の行為と誤解されていますが、本質は違うところにあるのです。

日光東照宮の隣にある「補陀落寺」や浅草観音も「補陀落観音」で、関東のこの辺りは、大和から逃れていった天照派の人々が大勢住んでいました。聖徳太子は、六二二年に四十九歳で他界しますが、その後、このことが神武派に知れ、法隆寺は焼かれて、聖徳太子のお子である山背大兄《やましろのおおえの》皇子はじめ、一家一門が惨殺されたのです。

歴史書では、蘇我入鹿に攻められたことになっておりますが、蘇我氏は権力、武力を求めない一族でした。現在の法隆寺は、八世紀初めに再建されたものです。

時代は下って、神武派の支配する体制が強くなっていき、本当の歴史がつぶされ、真実が分からなくなっていく時代、滋賀県霊仙山麓で生まれた霊仙三蔵は、仏教の真髄を確かめるため、九世紀初めに遣唐留学僧として入唐しました。インド仏教の真髄を伝える般若《はんにゃ》三蔵より梵語《ぼんご》を学び、唐の朝廷で発見されたインドからもたらされた古い梵夾《ぼんきょう》を朝廷の一員として翻訳していました。そして、仏教哲学の基として、人類の祖がどこなのかを調べるうち、人祖が日本から流れてきていることを悟り、生命を生産出《うみだ》す天命と、そこより生まれた人祖「初代」伊邪那岐尊・伊邪那美命の重大さを、異国の地で知ったのでした。

これは、魂が震える程の出来事、意外な真実の発見だったのですが、唐の朝廷の一員として内部を深く知った霊仙を、日本へ帰すはずもなく、それらの秘密を「恵果《けいか》」に伝えました。

恵果は、人類の祖が天命が誘《いざな》(伊邪那)った方であることを、中国に「太元帥明王」として隠されていたことを知りましたが、それは国家機密であり、大国の唐こそが祖であるとする朝廷に従わねば、命に関わる事態でした。

そこへ、日本から空海がやって来ました。恵果は、空海にすべてを託し、その秘密を日本に持ち帰らせたのです。空海は、仏教の真髄を学ぶため、十年以上かけてインドまで行く心づもりでしたが、この真実を知って、一年半で日本へ帰ってきました。日本が人祖の国であることを皆に伝えれば喜ぶであろうと思い、早く帰って高野山に大伽藍を建てようと決意したのです。

しかし、建設に入ると周囲からの反感が強い。なぜかと考えた時、神武王朝政治がいかなるものかを思い知らされました。神武政治では「人祖は、高千穂の峰に天降ったニニギノ尊である」と固執されていたからです。「人祖は、伊邪那岐・伊邪那美であった」という秘密を明らかにすれば、命はなく、さりとて、この真実を捨ててしまうわけにもいかない。

それを救ったのが「三宝荒神《さんぼうこうじん》」でした。事実を伏せて、密教の守護寺として建設したほうがよいと思い到りました。日本が人祖の国であることを秘密にした教えとして、「密教」

が誕生したのです。

三宝荒神の三宝とは、「息津・湍津・邊津」の三神をいい、荒神とは恐れ多い神を表しています。「天照皇大御神」や八和幡《やわた》の大神《おおかみ》を祀ることを、神武勢力が許さなかったため、形を変えて修験道として、荒神が作られたのです。

ここで、もう一度整理してみます。

空海は仏教を求めて中国へ渡り、そこで秘密の教えを知らされました。それは、人類の起源（人祖）が日本にあり、仏教の源も日本からもたらされているという意外な真実でした。

すなわち、仏教でいう「仏」は日本の神々の別名だったわけです。日本の神々とは、天照皇大御神《あまてらすすめらおおみかみ》や八和幡《やわた》の大神《おおかみ》です。

空海の弟子である常暁《じょうぎょう》は、空海が人祖をどうしても表に出せなかった為、「何かよい方法はないものか」と思案していましたが、異郷の土と化して中国に眠る「霊仙」のところへ行けば、何か得られるのではと考え、八三八年に入唐しました。そこで奇跡的に、「霊仙」の遺言や遺品と出合うのです。

早速、これらを日本に持ち帰った常暁は、どのように皆に伝えようかと苦慮していました。そして、人祖のお姿と強調せずに「秋篠寺の井戸」に映った「太元帥明王」のお姿として、天皇の先祖として神武勢力にも受け入れられる形で、これを公にすることを考えついたのです。この像は、明治四年まで正統天皇家の御本地仏として祀られていましたが、その後、東寺に移されました。

余談ですが、「太元帥明王」がお出ましになるため、「人祖」を「密教」として秘密にする必要がなくなったことを伝えてほしいと、平成十四年六月六日に「K」さんに啓示があり、「K」さんは早速、醍醐寺・東寺・高野山へ出向かれ、座主の方にお伝えしたと聞いています。

高野山の本堂が太元帥護国寺であり、宝物殿には、「太元帥明王像」が今も祀られています。「化生天神《けしょうてんじん》　十八面三六臂《び》太元帥明王像」をご覧になった方もおられるでしょう。炎の中に、十八の顔とたくさんの手（三十六本）を持った像があり、動物を二匹、足元に置いて、樹木の切り株の上に立っています。

この絵が何を表しているのか、空海の伝えたかったことを読み解く人は残念ながら現代ではいないのです。しかし今回、「K」さんを通じて、初めて明かされたのです。

まず、この地上は、動物・植物・人間の連鎖で成り立っていることを表しています。「十八面」とは、丹生家のことで、「三六臂」とは、丹生家十八組の男と女のお子の数を表しております。丹生家十八組の頂点に座してみえるお姿が、人祖・初代伊邪那岐尊・伊邪那美命の尊姿であり、同時に長男・長女の大丹生家《おにゅうけ》（天皇家）を表しているのです。すなわち、人祖・初代伊邪那岐尊・伊邪那美命が、三十八名のお子を産み育てられ、大丹生家が天皇であり、丹生家十八家が天皇を補佐していく姿を表しているのです。

第3章
古事記・日本書紀の「嘘」

謎の都「邪馬台国」

中国の正史とされる「三国志」の中に「魏志倭人伝《ぎしわじんでん》」があります。編纂されたのは、次章で述べる「古事記」「日本書記」よりも古く、西暦二八〇年頃とされ、中国の魏《ぎ》・呉《ご》・蜀《しょく》の三国時代における六十年間の歴史が書かれています。

西暦二四〇年頃、魏の使者が日本の「邪馬台国《やまたいこく》」という都を訪れた時の記録なのです。ここに述べられた「邪馬台国」が日本のどこに位置していたのかを、多くの学者が検討してきましたが、いまだに結論が出ない状況です。邪馬台国の位置は、「畿内」とする説と「九州有明海の近く」とする説がありますが、この度、その真実が歴史上、初めて明確になります。

「魏志倭人伝」に基づき、地名をたどってみましょう。

まず、「魏」の出先機関があった「帯方郡」は今のソウル近辺で、そこから使者が向かった先は「狗耶韓国」となっていますが、こちらは今の釜山です。そして「対馬国」、すなわち対馬から「一支国」へ、ここは壱岐に該当します。さらに、「末盧国《まつろこく》」、「伊都国《いとこく》」、「奴国《なこく》」の順に経由したと記述されています。

距離・方角は極めて感覚的で不正確なものですが、でたらめというわけでもないので、何とか推測しなければなりません。邪馬台国が「畿内」、すなわち奈良盆地だとする説を唱える方が推論されたこの地名は、それぞれ佐賀県唐津市、福岡県前原市、福岡市ではないか、ということです。

そこから瀬戸内海を航海して、大阪湾辺りに上陸したと仮定すると、上陸した後の記述が「陸行一カ月」とあり、それがどうしても理解・解釈できない点なのです。なぜなら「畿内」であれば、一カ月もかからず二〜三日で行ける距離だからです。

実は、この邪馬台国の都（三八子）は三重県の北西部にある員弁《いなべ》郡大安《だいあん》町石榑《いしぐれ》地方・麻生田《おうだ》一帯なのです。石榑は、かつて三十八人のお子たちが、子や孫を連れて滋賀・来栖《くるす》の地から移り来られ、七十六の言霊を使って言葉を生み出された場所です。「意思呉《いしく》れ」とは、その言葉を天界に求められたものだったのです。その後、時が経つにつれて、この地が大いに三八子（都）として栄えたのでした。

「魏志倭人伝」では七万戸の戸数があったと記されており、西暦二四〇年頃に三十万人近い集落だったことが推定できます。

いずれにしても、「邪馬台国」が三重県員弁郡大安町一帯であったというのは、今まで誰も考え及ばなかった場所なのです。歴史上、今回初めて「K」さんを通じて明かされました。

ここには、古い時代から天津神《あまつかみ》を祀った「上賀毛神社《かみかもじんじゃ》」があり、国津神《くにつかみ》を祀った「鴨神《かも》社」がありますが、十代・崇神天皇、十一代・垂仁天皇の時代、東征を図った神武勢力が、対立する大和民族と融和を図るため、石榑《いしぐれ》に祀られていたこの神社を京に、「上賀茂神社」「下賀茂神社」として建立したのでした。ちなみに、「上賀茂神社」は貴族しか参拝が許されず、「下賀茂神社」が庶民のためのものだったようです。

ところで、八世紀はじめに書かれた「古事記」「日本書紀」に、それよりわずか数百年前に、中国にまで知られていた都、邪馬台国について何の記述もないのは、極めて不自然です。一体、なぜでしょうか？　それは、次章で述べる天武天皇の弾圧に関係します。大丹生家、丹生家が集う三八子（都）を徹底して破壊した天武天皇が、自分が指示した記録に、それを掲載させるはずもなかったのです。

なお、邪馬台国の「卑弥呼」とは、固有名詞ではなく、天皇家、朝廷の占い師・巫女《みこ》を表しており、代々受け継がれていきました。「山陰神道《やまかげ》」として、現代に伝わっております。

天武天皇の弾圧

さらに時代は下って、神武から数えて第三十八代天智天皇の時代、天皇の弟である大海人皇子《おおあまのおうじ》は、美濃の金産山《かなぶやま》の管理を、兄・天皇より任されていました。

この時、産出する鉄鉱石を使って、朝廷からの注文をごまかし、密かに大量の武器を作り、尾張族に分け与えるなどして、手なずけていたのです。大海人皇子《おおあまのおうじ》は、兄の天智天皇から「次の天皇になる大友皇子をよろしく補佐してやってほしい」と依頼された時、「自分は政治に関心がない」と固辞し、頭を丸めて奈良吉野に身を寄せました。

天智天皇が崩御され、お子である大友皇子が第三十九代天皇になって、吉野に使いを出しますが、大海人皇子は直前に吉野を脱出し、名張、伊賀を通り、三重県桑名・多度大社で参拝して、一晩で美濃へ帰り、挙兵したのでした。

多度大社は、初代・天照天皇と速素佐之男尊が「御難賛助の誓い」をされた場所であり、多度大社参拝は、天照派を味方にする為の、見せ掛けの芝居だったのです。

日頃から手なずけられていた天照派の人々、大和民族は、この壬申《じんしん》の乱で大海人皇子《おおあまのおうじ》に味方し、美濃の不破関《ふわぜき》峠で近江朝廷軍を討ち、勝利したのです。戦に敗れて都で自害した大友皇子の首を、丹生家十八家の家来十八人が持参しました。

大海人皇子は、娘婿でもあった大友皇子を首実検した後、多くの処刑者の溜まり場へゴミのごとく投げ捨てました。これを見た大友皇子の家来は、あまりのむごさに都へ帰ることができず、そのまま、その土地に住み着き、大友皇子を供養し続けました。現在も、その子孫が残っているとのことですが、この地を今では自害峰といっています。

第四十代天武天皇となって、最初に行ったことは、戦争に協力した尾張の大和民族、天照派に対する弾圧でした。本来の大和民族は、権力政治を好まない民族だったからです。従わない者には、以下の三点を厳しく課しました。

・土地の所有を認めない
・商いをしてはならない
・他との結婚を認めない

「土地の所有を認めない」となれば、今でいえば「ホームレス」ですが、川原しか住めないことになります。川原の土地は、増水すればなくなります。このような過酷な条件を強いたのです。

三重県・員弁《いなべ》の麻生田《おうだ》地方は、かつて初代・伊邪那美命が麻を活用して麻布を織り滞在した大切な場所であり、後の世で「邪馬台国」として中国「魏」の国から使者が訪れた三八子（都）ですが、天武天皇がこの麻生田を攻撃し、麻生田はほとんどつぶされ、一部は四国へ、一部は出雲へと逃れたのです。

大丹生家・皇《すめらぎ》天皇を守る為、人垣を造って抵抗した天照派の人々の多くが殺され犠牲になりました。その犠牲者を埋葬した場所が「麻積塚《おみづか》」として、古墳の形で今もこの地に残されています。そして、四国へ逃れた人たちは今まで生き残って、天皇家に奉納する麻を栽培しているのです。平成天皇即位の時、身に纏われた束帯は、この地の三木家で栽培され、織られたものです。

「八和幡之大神《やわたおおかみ》を何としても残さねば」と考えた彼らは、員弁《いなべ》を忌部《いんべ》と変え、白人《しらびと》（隠れ人）となって、四国の山の上で、隠し祀りをされたのです。

いっぽう、松江（現在、売布《めふ》神社のある辺り）に逃れた丹生家の人々は、伊勢《いせい》の神《かみ》「天照皇大御神《あまてらすすめらおおみかみ》」を祀っていたため、神武派に見つかり、神殿は焼き払われ、重刑に処せられました。この出雲には、饒速日《にぎはやひ》天皇の内閣国務大臣、すなわち国常立尊《くにとこたちのみこと》十八名が流されていました。

平安時代になって、没収された「伊勢《いせい》の神」のご神体は返され、神祀りも許されて、天照派は持てる技術を活用して壮大な出雲大社を建設したのですが、完成したところで、神武派が宮司を派遣し、神武派の神祀りとしたのです。現在各地に残されている神社のほとんどは、神明造りではなく平安造りになっており、神武派の神祀りになっています。

ところで、丹生または丹生川という地名は、あちこちにありますが、先祖が丹生家であることを、示しております。七世紀後半、朝鮮半島の百済から多くの難民が押し寄せましたが、この難民を丹生家一族に受け入れさせ、収容しきれない場合、転地させたりもしたのです。

そうした丹生家の人々の差別問題が、現代まで伝わっていますが、彼らは、神武派に攻撃され、戦わずして負けた天照派の一族なのです。差別を受ける理由はないのです。

天武天皇は歴史の改竄《かいざん》にも手を付け、それまで伝わる「秀真伝《ほつまつたえ》」を焼却し、新たに「古事記」「日本書記」を編纂させますが、これについては後述します。

生命誕生の意和戸《いわど》を表す三つの岩石

さて、零迦児《むかご》から童児、童女として成長した二人は、別々に過ごすことになり、涙の別れをしたことは前にお伝えしました。童女と別れた童児は、付き従う鳥や動物たちと一緒に、遠敷川《おにゅうがわ》・鵜の瀬（現在の小浜市）の地から、南へ南へと尾根伝いに歩いていきます。吉野の里、青根ヶ峰の頂にたどり着いて見渡せば、織りなす山々、峰々の見事な美しさ、植物が生き生きと生い茂り、小鳥たちがさえずり、小動物が駆けまわり、躍動感が脈々と溢れる光景に見惚れました。その時、童児は、ふっと思い出しました。

「この光景は、いつか、どこかで見たことがある。どこだったろうか。そうだ、自分が宇宙産迂迦《うちゅううが》の障壁賀から天《てん》の意和戸《いわど》を出る時、これと同じような光景を見たような気がする」。

そう思うと、無意識のうちに周囲に転がっていた岩石を意和戸《いわど》に見立てて、並べているのでした。植物、人間、動物の岩戸（意和度）として、三つの岩石を並べ置きました。童児は青年になり、やがて立派な女になった童女と再会し、結婚し、天命により三十八名のお子を産み育てるのですが、お子を連れて、この青根ヶ峰の地へも、いつか来たことでしょう。この男女こそ、人類の祖先、すなわち人祖・伊邪那岐尊・伊邪那美命であることはお伝えした通りです。

時は大きく下って、四十代・天武天皇の時代です。吉野・青根ヶ峰の山頂に人祖が残された記念の「霊石」を、丹生家十八家が、二十年毎の交替制で、何千年、何万年にわたり、これを維持・御護りしてきたのです。

そのために、吉野に丹生家が十八郷を営み、自分達の当番がきても困らないよう、生活の基盤をつくってきたのでした。

すごいことだと思われませんか?

七百二十万年も前に、初代・伊邪那岐尊が造られた霊石を護る為、丹生家十八家が吉野に住み着いて交代で何百万年もお祀り・お護りしてきたという事実に対して、深い感銘を受けずにはおれないのです。

天武の時代、その当番の代表は、丹生家筆頭の葛城《かつらぎ》族である役小角《えんのおづぬ》でした。「ただちに、青根ヶ峰の霊石を取り壊すように」と命令されますが、役小角《えんのおづぬ》は、「人祖の命令でない限り従えない」と断ります。そして、大島へ島流しになるのです。

その後、青根ヶ峰の霊石は取り壊され、谷底へ落とされました。何とか復元したいと願い出るのですが認められず、結局、峰から相当下がった低い場所に、「ここならよかろう」と認められたのが、現在の水分《みくまり》神社になります。

この「水分《みくまり》」という文字は故意に変えられていますが、本当は身分け神社であり、宇宙産迂迦《うちゅううが》における動植物、人間の生命誕生を表しています。狭い場所に建てられていますが、よく計画され、人祖から伝わるメッセージを形にして残しています。ただ、それを読み取れる人は今ではほとんどいないでしょう。そのメッセージをお伝えしましょう。

入って左側は、お座敷になっており、生命界・地球を表しています。右側には、神殿が設けられ、三列の階段があります。これは天に通じる束帯を表しており、左から植物、中央は人間、右側は動物の意和戸になります。座敷と神殿の間は迂迦の障壁賀と地球の間の宇宙《うちゅう》産空間を表し、六根を表す六つの植え込みがあります。水分《みくまり》神社から少し離れ、神社を見下ろす場所に世尊寺跡があり、そこに石を三つ積み重ねた所があり、「人丸塚」と刻まれた石碑があります。


　これも暗号のようなもので、読み解く必要があります。

すなわち、人祖が青根ヶ峰山頂に三つの岩石（植物・人間・動物）を並べて、生命誕生の意和戸を表していたわけですが、神武勢力につぶされ再現が許されないため、三つに並べられた岩石を、竪に積み上げ、「人産まる塚」、すなわち人丸塚としたのです。このような謎を読み解ける人は、残念ながら、「K」さん以外にはいないのです。

「ニニギノ尊から始まった」とする日本の歴史を正当化するため、あらゆる証拠隠滅を図ってきたのが神武勢力です。「三つの岩石を縦に並べて」その意味を伝えるため、ここまでして命がけで後世に伝え残そうとした大和民族・天照派がいたのです。

今は、そのような歴史の真実を伝えても、迫害されることはありません。堂々と伝えてよいのですが、隠され続けてきたため、真実を見失ったことと、今更との思いで伝えようとする意欲を失っている状態といえるでしょう。吉野には、人祖が残した証跡を護るための工夫や努力や謎があちこちに隠されているといってよいでしょう。


話は脱線しますが、奈良・吉野に触れたついでに吉野に関する話をします。

吉野、金峰山《きんぷやま》の麓に、金峯《きんぷ》神社があります。「金」とは太陽を表し、金峯とは太陽に続く峯という意味で、下から見上げると青根ヶ峯・大天井ヶ岳・山上ヶ岳へと繋がっていきます。普通、神社は南向きですから、北方向へ参拝しますが、ここは太陽に向かって参拝しますから神社は北向きになっています。

青根ヶ峯の手前からは、「女人禁制」になっております（石の道標あり）。女人禁制とは、女子を穢《けが》れた者とする差別かと考えていましたが、まったく意味が異なるようです。

実は、金峰山には男根の意味が隠されており、青根ヶ峯は女陰、大天井ヶ岳までが膣を表しているのです。その先である山上ヶ岳が子宮にあたります。これが宇宙《うちゅう》産の子宮・迂迦の障壁賀の写し山というわけです。

童児であった伊邪那岐尊が、自分がかつていた宇宙《うちゅう》産迂迦の子宮を思い出し懐かしんだというのは、この自然の峰々の形が似ていたからなのです。このような訳で、女性が膣や子宮の中へ入ることを禁制しているのです。山の断面を見ると、そのイメージがわきます。

役行者《えんのぎょうじゃ》はこのルート、すなわち吉野から熊野にかけての大峰《おおみね》山系を修験道として開設したのです。また、桜の木を使って青年期の大丹生《おにゅう》童児のお姿を「蔵王権現《ざおうごんげん》」として彫り、吉野・蔵王堂に祀りました。

このようなことから、皆が桜の木を奉納し始めて吉野が桜の名所になったということです。有力な丹生家であった葛城族の神社である高鴨神社・奥宮には、本殿の他に小さな社が三つ建てられており、その一つに「三十八社」と書かれています。これも人祖がお生みになった三十八人のお子を伝え残さんとする現れではないでしょうか。「三十八社」については、滋賀県石山寺でも祀られており、「三十八」という数が特別の意味を持っていることが分かります。

また、福井県には丹生郡があり、三十八社町も現存しています。舞鶴の近くに瀬崎《せざき》という土地がありますが、そこでは、昔からの言い伝えで「三十八軒」しか住めないことになっていて、それ以上は分家することを許されなかったそうです。今では、逆に過疎化しつつありますが、ここでは大丹生家《おにゅうけ》・皇天皇《すめらぎ》が丹生家・十八家の当主を招き、もてなした名残りから、毎年「三十六のお膳」をお供えする行事が残っています。しかし当事者は、なぜそのような行事が残っているのか、まったく分からなくなっているのです。

参拝と三拝

権力を使って民衆を統治する手法は、神武時代から現代まで続いております。本来の大和民族は、「大きく和していく」社会を目指していました。権力は不要の民族でしたが、今ではすっかり変わってしまいました。

人祖・伊邪那岐尊や大丹生《おにゅう》皇《すめらぎ》天皇を信じる天照派こそ、平和を旨とする大和民族ですが、執拗な弾圧が続き、住み慣れた土地も奪われ、辺鄙《へんぴ》な地へ転地させられたりしました。先にお伝えしたように、神社を祀る許可も神明造りは許されず、すべて平安造りになっています。平安造りとは、社の周りに回廊と手すりが設けられた様式をいいます。しめ縄は、本来向かって左が霊命界を表し、右側が心臓のある生命界を表しており、左に根元がくるのが正しいのですが、関西では反対になっています。神武派の影響の結果ですが、関東は、関西と逆になっており、神武派の勢力が及んでいないことを表しています。

すべての生命は、霊命津《かい》から生命界へと生まれ出てくることを、教えているのです。子供が生まれると、お宮参りする風習がありますが、同じ理由で、赤ちゃんの頭を左に、足を右にして抱えるのが正しいのです。

夏の高校野球で優勝校は深紅の優勝旗を掲げて、行進しますが、右に竿元、左に旗先がくるのが正しいのであって、右利き、左利きで決まる訳ではありません。優勝旗を渡す時も、主催者が持ち替えて手渡すのが正しいのです。

同様に、神事で神主が玉串を参拝者に手渡す時も、玉串の根元が相手の右にくるようにして手渡すのが正しいのです。

参拝とは三拝であり、三礼三拍手が本来ですが、二礼二拍手に変えられています。現在ほとんどの神社で、それが正しいかのように行われているのです。

なぜ三拝するか、参考までに記しておきます。

生命生産出《うみだ》しの〝もと〟は、太陽の「真光」と太陽が生み出す「丹《に》」と、それを宇宙産《うちゅう》迂迦《うが》の障壁賀へ届け生命を育む「芒種のエネルギー」なのです。これらに感謝して三拝するのです。仏教でも、お焼香する場合、三回黙礼するのが正しいのです。

日本の「ダ・ヴィンチ・コード」

「八和幡之大神《やわた》」を祀ることは許されず、伝来した仏教を活用して、「八幡大菩薩《はちまん》」としてお祀りしてきたのも、生きる知恵というべきでしょう。また、仏を祀る時、「三尊」を祀るやり方は、インド、中国には見られないものです。例えば釈迦三尊、阿弥陀三尊、薬師三尊、大日三尊など多くの三尊があります。これも人祖の教えを密かに表しているのです。

仏教を「隠れ蓑」として、人祖の教えを伝えたのです。すなわち、先ほどお伝えした「三拝」と同じ意味が隠されているのです。

平成十八年五月、世界中で「ダ・ヴィンチ・コード」が話題になっています。聖書で伝えられているものとは異なるイエス・キリストの謎を知ったレオナルド・ダ・ヴィンチは、教会の権威・権力に逆らうわけにはいかず、さりとて知りえた秘密を何らかの方法で伝え残したいとして、「最後の晩餐」「モナ・リザ」など、自分の作品の中に暗号を埋め込んだというものです。

実は、日本にも、「ダ・ヴィンチ・コード」に勝る「秘密の暗号」が隠されているのです。それは、七百二十万年前に人祖が子供たちや子孫に、すなわち人類に伝え残された「生命誕生の天界の仕組み」なのです。武力で天皇となった神武以降、歴史の真実は覆い隠され、人祖の貴重な教えも消されてしまい、それを伝えることは命に関わる一大事だったのです。

例えば、植物、動物、人間すべての生命は、宇宙《うちゅう》産迂迦の障壁賀の中の天王平にある三つの「天の意和戸《いわど》」から出てくるという真実を、奈良吉野の青根ヶ峰頂上に置かれた「三つの霊石」で伝え残された人祖でしたが、これも天武天皇の暴挙で破壊されました。これらのことは先にお伝えした通りです。

貴重な人祖の教えを、伝来した仏教を活用して、その中に暗号として伝え残そうと日本で最初に考えつかれたのは、越丹生家出身《こし》の泰澄《たいちょう》大師でした。大師が生まれたのは七世紀後半で、その頃、天武天皇の凄まじい弾圧が行われていたのです。大師は、加賀白山を開かれた方ですが、素朴な山岳信仰であった白山信仰に仏教的な意味付けをされたのです。「三所《さんしょ》大権現」や「十一面千手《せんじゅ》観世音像」を創られ、その中に人祖から伝わる教えを、暗号として秘められたのです。しかし、時代が下って、その込められた「謎」を解き明かせる人は、いなくなっていたのですが、平成の世になって、「K」さんを通じて今、明かされたのです。

「三所大権現」は、福井県大谷寺《おおたんじ》に保管され、お堂に写真が飾られています。意味を知った上で、ご覧になると感慨深いことでしょう。中央の仏像は、十一面観世音像で太陽の「真光」、左側は聖観音像で「芒種のエネルギー」、右側が阿弥陀如来像で「丹」を表すと同時に、三大太元帥明王として、それぞれ「人間」「植物」「動物」を司る神を、お祀りしているのです。

人間を司る神とはもちろん、人祖・伊邪那岐・伊邪那美人神をいいます。後の世で、この「三所大権現」を見られた弘法大師・空海が、「三大太元帥明王像」で、人祖の教えを伝え残そうと考えつかれたことが察せられます。

なお、「十一面」とは、生命の元となる「生《しょう》」を育む示元津《じげんかい》が十三示元津から日輪太陽を除いた「十一示元津」であることを表し、三十八本の手を持つ「千手《せんじゅ》」とは、人類の遺伝子が三十八人のお子から始まったことを伝えているのです。

天武天皇の厳しい弾圧で、「四国」と「松江」に逃れた大丹生家《おにゅうけ》でしたが、松江に逃れた人々は何度も焼き討ちに遭いました。ところが四国では、外敵を防ぐため周囲を天照派《あまてるは》の修験者に護らせ、時の情勢を把握し、水際で食い止めたのです。

空海は、この「大丹生家《うみだ》」を護るために、八十八カ所の霊場を造りました。八とは八神であり、十とは生命生産出しの天津神《あまつかみ》、国津神《くにつかみ》の神祇《しんぎ》の地を表しています。縦・横交わる地、そこが伊勢《いせい》の地です。

先にお伝えしたように、キリスト教で十字を切るのは本来、この神祇の地を表していたのですが、今ではイエスが磔になった「十字架」をイメージして十字を切っています。それを見るにつけ、イエス様は嘆かれているとのことです。エルサレムにある「嘆きの壁」はこれに由来しています。

八十八は米という字になり、この字はどちらの方向から見ても八十八になります。この八神（八和幡之大神）を祀られた「大丹生家」を四国に保護し、八十八カ所の札所を設けて擁護されたのです。

空海に護られたおかげで、大丹生家は存続し、天皇家の錦の御旗（本当は丹紫《にしき》の御旗）や、「五社三門」、「三木家の麻織物」が残されているのです。「五社三門」の「五社」とは、先にお伝えした「絶対五神」を表し、「三門」とは三つの意和戸を意味しております。

さてここで、「稲荷」の意味について述べておきます。

お稲荷さんとは、狐、狸などの「動物の神」だと考えておられる方も多いのですが、まったく違うようです。「稲荷」とは、稲の荷、稲とは米であり、八神、すなわち「八和幡之大神」を表しているのです。すなわち、この生命界は「八和幡之大神」によって、になわれているということです。

京都の伏見稲荷は、神武の東征の頃から日本に来ていた秦氏に、「日本を攻めるつもりがないならば日本へ帰化してはどうか」と空海が勧め、その証として祀られたものです。京都の伏見から太秦《うずまさ》にかけてが、秦氏の領地でした。

仏教もキリスト教も、お稲荷までが、「八和幡之大神」に根ざしているとは驚きです。「アラーの神」も、所詮は日輪太陽神、すなわち息津《おきつ》神です。世界が宗教で争っている意味は、もうどこにもありません。今となっては、どの宗教も統合し、この生命界の大本を正しく理解し、人類がこの三つの生命帯界（植物・動物・人間）の永遠の弥栄に貢献していかなければならない時に至っているのです。

新たに「古事記」「日本書紀」を編纂させた天武天皇

神倭《かみやまと》伊《い》波《わ》礼《れ》毘《ひ》古尊《このみこと》が饒速《にぎはや》日《ひ》天皇から無理やり天皇の座を奪い取り、神武天皇となるや、それまで天皇を支えてきた天照派をけん制しました。いわゆる神武派が、大きな勢力を持ったのでした。

この流れを徹底したのは、先に述べた四十代・天武天皇です。神武の「武」を頂くくらい、神武天皇に傾倒していたのでしょう。歴史の改竄《かいざん》に手を付け、それまでの歴史を記録していた「秀真伝《ほつまつたえ》」を焼却するだけでなく、そこに記録されていた大丹生家、丹生家を潰す行動に出たのでした。

そして、新たに「古事記」「日本書記」を編纂させます。これらが完成したのは、それぞれ七一二年、七二〇年と言われております。この時、「大和は神武天皇から始まり、その祖先は、ニニギノ尊が、筑紫・日向の高千穂の峰で天孫降臨した」としました（今も神社の祝詞《のりと》で読まれています）。

そうなると、「人祖」が真名井原・丹庭《たにわ》に降臨し、三十八名のお子を産み育て、十九組の夫婦となり、長男夫婦が皇《すめらぎ》天皇を世襲してきた歴史とは、まったく異なることになります。

ニニギノ尊は初代天照天皇の孫になりますから、人祖からは何百万年も時代が下った新しい時代になります。天皇家の歴史も、「神武」から始まったように書かれていますが、真実は、現代からわずか二七〇〇年足らずの短い歴史ではないのです。

我々日本人は、「世界一古い歴史の国」に生まれ住んでいることをしっかり理解し、世界に対して「自覚と責任」を感じなければならないのです。


記録は焼却すればすみますが、証跡はあちこちに残っています。それを次から次へと消すために、莫大なエネルギーを使うことになります。

平成十八年二月にＮＨＫで放送された「その時、歴史が動いた・古代日本最大の戦い！壬申の乱、勝利の秘密　天武天皇誕生の時」という番組がありました。この番組は、どこまでも「記紀」の記録に頼っているため、事実と異なる内容に終始していました。

「記紀」は、権力を握った天武天皇が権力に都合のよいように書かせた記録であり、決して歴史の真実を記録したものではありません。しかし、今のＮＨＫに、その真実を掘り起こして国民に知らせようという気概はつゆほどもなく、要求するほうが無理のようです。

記紀では、人類が地上に降りる時、誓った「御難賛助《ごなんさんじょ》」の御誓約《うけい》のことを、「五男三女」

の宇気比《うけひ》としています。「御難賛助」とは、「絶対に争いをしないことは、大変困難なことですが、お互いに賛同し合って、助け合っていきましょう」という意味です。

この誓いは、人祖が地上へ降ろされる時、天界の意和戸を出る時に誓わせられた重要なものです。しかし、古事記には以下のように書かれています。

「アマテラスがスサノオの剣をもらい受け、三段に打ち払って天の真名井の清らかな水ですすぎ噛んで、ふっと吹き出すと、その息吹が霧となって、三柱の美しい女神が現れた。次にスサノオがアマテラスの玉飾りをもらい受けると、やはり天の真名井の清らかな水で洗い、噛み砕いてふっと吹き出した。

その息吹が霧となって、五柱の男の神が現れた」。

意味がまったく違ったものになっています。また、アマテラスを女性とし、スサノオを弟として、相姦関係にあったとしているのです。意図的としてもひどい歪曲です。

天照天皇は初代から代々世襲された天皇ですが、「アマテルカミ尊」とも呼ばれています。この方を「アマテラス」、弟の速素佐之男尊を「スサノオ」と書いているのです。

古事記に書かれている神話で有名なのは、「天《あま》の岩戸」の物話です。弟「スサノオ」の行状があまりにもひどいので、姉「アマテラス」は、岩戸を立てて岩の中へ隠れてしまい、世界が真っ暗になったのでした。そこで岩戸の前で、裸踊りなどしながら大騒ぎをし、「アマテラス」が「何事か」と岩戸のすき間から外を見ようとしたところを、屈強な男が力ずくでこじ開け、世界が元通り明るくなったのですが、力あまってこの時の岩が、下界の戸隠まで飛んでいって、長野県戸隠山が出来たというものです。

三重県志摩郡磯辺には、この岩戸の場所が祀られており、観光地になっておりますが、他の場所にも「岩戸」跡地としている所があります。この「岩戸」とは、今まで何度もお伝えしたように、人祖から伝わる「天界の意和戸」のことですが、故意に脚色して伝えているのです。

次のような記述もあります。

世襲最後の伊邪那岐尊・伊邪那美命、すなわち初代・天照《あまてる》天皇の両親にあたりますが、水稲栽培を普及するため各地を歩かれました。行く先々で、お子を設けられたのですが、紀州へ行かれた時、陣痛をもよおし、田植えの最中のこととて、人目をはばかるため、岩陰に隠れてお産をしようとされたのでした。いくら待っても産声が聞こえず、不審に思って伊邪那岐尊がのぞいてみると、母は全身血だらけで、息絶えておりました。

そばに袋を被ったままの赤ちゃんがおり、父はその袋を破って助けようとしましたが、生気を吹き返すことはありませんでした。

以上の内容を伝えるのに、古事記では以下のような表現になっています。

「伊邪那美命は、難産のため、母子共に亡くなった。

父、伊邪那岐尊は大変悲しみ、『なぜこんなことになったのか』と神に不信を抱き、とうとう気が狂ってしまった。

妻が恋しくて恋しくて、いまだ生きていると思い、妻の亡骸の入ったお棺の蓋を開けてみると、もう蛆が涌いて見る影もなく、そんな妻を見て一気に発狂してしまった。

そして、『亡者が我を追いかけてくる』と言って桃の木に登って、桃の実を投げつけた。

亡者に追われた伊邪那岐尊は、琵琶湖まで逃げたが、まだ追いかけられ、淡路島まで来て、やっとそこを安住の地とされた」。

この方のお墓が熊野・大斎原にあったことを隠すため、淡路島まで移して、そこを国生みの場としたのです。

そして、「伊邪那美命が、迦具土《かぐつち》を産む時、あまりの熱の高さに、『ほと』を焼かれて死んだ。この迦具土《かぐつち》が、大事な妻の命を奪ったので、伊邪那岐尊は、怒ってその首をはねた」とありますが、事実は先に述べた通りです。なお、「ほと」とは女陰を表した言葉です。

このようにして、事実を歪曲し意図的に書き換えてあるのです。しかし、以上のような事実が明確に分かる人がいないため、何となく神話の世界の話になってしまっているのです。

平和を願う「民草和気《くさなぎ》の倫理《みち》」

天武天皇が歴史の事実を自分の権力に都合のよいように書き直させ、初代・天照天皇から続く大丹生家、丹生家を弾圧したことは、すでに述べた通りです。

あまりにすさまじい弾圧ぶりに、神の霊神理気がはたらかれ、天武天皇は脳に異常をきたし、ついに気が狂うという事態になりました。天武天皇の狂った振る舞いは異常極まり、あまりの恐ろしさに、次の天皇の引き受け手がなかったほどです。

そして、四人いた妃のうち、たった一人の天照派であった方が天皇を引き受けられます。それが持統天皇です。皇后であった持統天皇は、神へのお詫びを願われ、それまで放置されていた伊勢内宮を復活され、二十年毎に造り替える「式年遷宮の制度」を設けられました。これは、吉野の青根ヶ峰頂上で何万年と続けられていた、二十年毎の交替制の丹生家のお護りにちなんだものでした。

また、初代・天照天皇と当時の国務大臣を合祀された外宮へも参拝されました。さらにその後、天皇家を代表してお詫びのための民草和気《くさなぎ》の倫理《みち》を御巡幸になり、五カ所に神社を建立されました。

一、多度大社

初代・天照《あまてる》天皇と速素佐之男尊《はやすさのおのみこと》が、「御難賛助」の御誓約をされた地である三重県・多度小山・天王平に祀られていた社を雄略天皇が再建されますが、風雨にさらされ老朽化していたのを現在の多度大社に移されました。

二、明星輪寺

鉄鉱石の産地として鉄を巡って、いつも争いの場となっていた美濃・金産山《かなぶやま》を、鉄を生かす山、すなわち金生山《きんしょうざん》と改め、多度大社より神霊を迎え、幾多の戦乱に殉死された殉難者の御魂鎮めの祈願をされ、「鎮護国家の道場」を建立されました。

三、酒見神社

尾張一宮・今伊勢にあり、饒速日《にぎはやひ》天皇が神倭伊波礼毘古尊《かみやまといわれひこのみこと》に天皇を譲られた後、わび住まいされた地に建立されました。酒見とは「逆身」を意味しており、身分が大きく逆転したことを表しています。

四、氷上姉子《ひかみあねこ》神社

天皇家を代表して、尾張族の宮簀姫命《みやずひめのみこと》にお詫びのため建立されました。この歴史を少し詳しく説明します。

第十二代景行天皇の第二皇子である日本 武 尊《やまとたけるのみこと》は、父、天皇から蝦夷征伐《えぞせいばつ》を命じられます。二世紀前半の頃です。神倭《かみやまと》神武政権から天照政権の代表者のような扱いを受けて敵視されていた尾張族ですが、その尾張族と共に出陣せよとの命令でした。

尾張族の幡頭《はたがしら》である建稲種 尊《たけいなだねのみこと》に不安がよぎるのですが、日本武尊を信じて出かけました。三年あまりの出陣で、無事、海路で凱旋するのですが、三河・欠けの港まで無事たどり着き、明日は日神山へ帰れるという時、何者かに暗殺されてしまいます。

この欠けの港のそばに、現在、幡頭神社《はずじんじゃ》（後述しますが、本来の幡頭神社は別の高台に祀られています）が建てられており、棺を置いたとされる「亀石」も埋められずに維持されています。当時の状況として、この亀石は波打ち際だったようです。

陸路で凱旋した日本武尊《やまとたけるのみこと》を内内 峠《うつつとうげ》で待ち構えていたのは、神武権力が差し向けた新たな軍勢でした。そこで、建稲種尊《たけいなだねのみこと》の暗殺が成功したことを知らされると同時に、「謀反の罪で直ちに尾張族を撃て」との命令が伝えられます。

日本武尊は、あまりの悲報にあぜんとされ、拳を振り上げて大地を叩き、「現《うつつ》かな、現《うつつ》かな」と絶叫されました。そこからこの地を「現《うつつ》峠」と呼ぶようになりました。

あれほど働いてくれた者を反逆者として葬るあまりのむごたらしさにがくぜんとされ、尾張族の本拠地である建稲種尊《たけいなだねのみこと》の館と日神山の元宮を攻略する軍議の中に入った時、「それが勅命であっても私は従えない。どうしても決行するなら私を殺してから出撃されよ」と、きっぱりと言い切りました。軍議が割れ、結局、攻撃は中止されました。

建稲種尊《たけいなだねのみこと》の妹である宮簀姫命《みやずひめのみこと》のもとへ、重苦しい思いでお詫びにいく日本武尊でした。日神山は、「伊勢《いせい》の神」をお祀りしており、その巫女《みこ》であった宮簀姫命ですが、「現峠《うつつ》で尾張族のために、民草《くさなぎ》和気の誠の大和魂《やまとだましい》をお見せ下さった貴男《あなた》様の男の魂に、一族こぞって感謝申し上げます」と、はらはらと涙をこぼされました。少しの滞在の後、「明日は立ちます」との声に、「今、日神山を出られては、お命を神武勢力に狙われる」と、必死に止められ、激しい情念で抱きつかれ、一夜を共にされたのでした。

兄を、いわれなき謀反の罪で奪われ、それを命がけで晴らしてくれた日本武尊をも死なせてしまう苦しみを、宮簀姫命は味わわれたのでした。

五、幡頭《はず》神社

尾張族の幡頭《はたがしら》である建稲種尊《たけいなだねのみこと》が今述べたように、副将軍として日本武尊と共に蝦夷征伐に向かわれ、帰途で神武勢力に暗殺された時、「伊勢《いせい》の神」が祀られた伊勢内宮を見渡して遥拝できる幡豆岬《はずみさき》の吉良の山に葬るよう遺言された、その場所に建立されました。

持統天皇は、武力によるむごい戦いが行われた土地にお詫びの巡幸をされ、各地に神社を建立され、武力のない政治を願われたわけですが、この一連の地域を民草和気《くさなぎ》の道（倫《み》理《ち》）と呼びます。

戦国時代から明治、そして戦後

日本武尊により、日本で初めて「大正腑・天神」が祀られた尾張ですが、そのせいかどうか、戦国時代にこの尾張から英雄が続けて輩出しています。

信長の先祖は越《こし》（福井県）丹生家の出身でしたが、家督を相続するにあたって、小さな領土を弟と分け合うことに頓着せず、当時丹生家でありながら世に受け入れられない人々の情報を探り、自分も無頼の格好をしながら彼らを味方につけたのです。

後の秀吉も、蜂須賀小六も、山内一豊も、そのような人たちでした。熱田神宮で戦勝祈願をして、少人数でありながら捨て身の覚悟で今川義元と戦った織田信長ですが、桶狭間の戦は三万人以上の今川軍に対して三千人程の軍勢で挑んだ戦いでした。地理を詳しく調べ、細く伸びきった隊列を切り崩したのですが、彼の偉かったところは、今川の首をとった後を考えていたことです。

いくら敵将の首をとっても、すぐに弔い合戦を仕掛けられたのでは勝ち目がありません。そこで、松平（徳川）と六角に、戦わずともよいので、旗印を掲げて加勢するように頼んだのでした。この旗印を見た今川軍は、連合軍に勝ち目はないとあわてて駿河へ逃げ帰る兵が続出し、それを見た旗本は責任を感じ、その場で切腹したのです。

信長は決して暴君ではなく、天皇を敬っていました。ただ、権力をかさにきて体制を温存させる勢力に強い抵抗感を持ち、それらを打ち破るべく戦ったのです。

僧侶が堕落し、権力者である朝廷・公家の女房子供の慰安の場所となっていた比叡山延暦寺を攻撃し、僧兵と化した石山本願寺とも戦いました。安土城に天皇の玉座を設け、腐りきった京都の公家衆を一掃し、新しい正当な天皇（天武天皇に追われた大丹生家・皇天皇）を擁立する考えだったのです。

それに危機感を持った公家衆は明智に近づき、「天下を取れば協力する」と言ってそそのかし、実際にその時がくると、「主殺しを支持するわけにはいかない」とばかり無関心を装ったのです。公家の支持を待って、明智は五日間ほどの貴重な時を無駄にするのです。結局、明智光秀は公家衆に利用されたのでした。

秀吉の時代は短いのですが、その後の徳川の平和な治世は、二百七十年に及びました。鎖国政策は、日本の発展が遅れた原因であり間違った政策といわれることがありますが、実際はこの鎖国政策のおかげで日本は平和を維持し、日本人特有の文化を築くことができたのです。

さて、黒船来航から日本は、大きく変わり始めます。平和の長い眠りから目覚めさせられる時が来たのです。長州・薩摩連合軍が幕府を倒すのですが、この時、長州が中心となって岩倉具視ら公家と結託し、時の天皇「孝明天皇」と皇子を毒殺します。天皇が健在では、自分たちの思い通りの政治ができないからです。

かねてから孝明天皇の毒殺は噂がありましたが、皇子までとはまったく知られておりません。これからのお話は極秘情報であり、どんな歴史書にも書かれておりません。

長州は山口県熊毛の丹生家から、いまだ若き青年（十五歳）である大室寅之祐《おおむろとらのすけ》なる人物を連れ出し、明治天皇に据えたのです（歴史書では明治天皇は孝明天皇の皇子ということになっています）。この熊毛丹生家は三重県・阿保丹生家からの分家ですが、かつて神風が吹いて船に戻れなくなった蒙古軍の残党がかくまわれたという歴史があり、その一族も協力して力を発揮したことでしょう。

この一族は日本人と同化せず、日本のためではなく権力のみを求めて、今でも政治の舞台で活躍しているのですが、このような政治家は、「日本のリーダーとしてふさわしくない」と人祖は厳しく見抜いておられます。

さて、長州が明治天皇に言い含めたことは「そなたは本来ならば、部落の長《おさ》になるのが精々《せいぜい》なれど、天皇になるからには、いかなる問題に対しても、『よきに計らえ』と言うべし」でした。操り人形の明治天皇は酒と女に憂さを晴らしていたのですが、そのような状態では男子を授かることはなかったのです。

時が流れて明治二十三年三月末に、愛知県・知多で行われた陸海軍連合大演習を視察された時、「こんな愚かな戦いをしていてよいのか」と思われたのを見届けた伊邪那美人神が、その日の昼食用弁当を持参した料亭「古扇楼」の娘の中に入られました。美しく輝く娘を見た天皇はひと目惚れし、すぐ宮中に召し出すようはたらきかけられたのです。娘の両親は「あまりにも恐れ多い」と反対したのですが、本人は承諾し宮中に入りました。そして、立て続けに五人の男の子を産んだのです。

余談ですが、明治天皇は明治四年、自分の出身である熊毛丹生家の本家である阿保丹生家へ挨拶のための行幸をされています。

さて、明治時代は文明開化の時代といわれておりますが、明るい希望に満ちた技術や情報ばかりがもたらされたわけではありません。蒸気機関車、電気、電話などの文明の利器だけでなく、軍艦、大砲、新式鉄砲など大量殺人の技術も入ってきたのです。欧米の思想も、どんどんと日本人のマインドに影響を与え始めました。士農工商の身分制度は廃止されました。

長州を中心にした支配階級は、欧米視察を繰り返し、日銀券の発行、税金制度など、国民に負担を強いる体制づくりに励みました。強い豊かな国造り、富国強兵が急務であると考えた指導者達は、貧しい農村を抱え、資源のない日本が軍備の資金を稼ぐ必要にせまられたのです。

綿花の栽培や養蚕を盛んにして木綿、絹織物などの繊維産業を興し、農村の子女を低賃金で長時間働かせ、それで得た資金は軍艦の購入などにあてられました。女工哀史や野麦峠の物語は、この時代を物語っています。同じく吉原の遊郭を盛んにして貧しい農村の婦女子を働かせ、その稼ぎもめぐりめぐって富国強兵の資金になったのです。

当時、欧米列強国は広大な国、中国を餌食にして利権を漁っていたのですが、日本も遅れをとってはならないとばかり、朝鮮（韓国）、中国へ進出する機会を狙っていました。西郷隆盛は征韓論に敗れて、故郷鹿児島に帰ったといわれていますが、彼は征韓論を主張したのではありません。

実際は逆で、西郷さんは、韓国に対して武力によって修好条約を締結するのでなく、自ら全権大使となって、話し合いで解決すると主張して意見が対立し、身を引いたのです（明治六年）。

日本、中国、朝鮮を中心にアジアの連帯を本気で考え、列強の植民地支配に終止符を打つという考えでした。

明治十年の西南戦争で西郷隆盛が葬られますが、これをもって庶民の側に立った政治は終焉します。やがて、明治二十七年日清戦争、明治三十七年日露戦争へと突き進んでいき、そして満州事変、支那事変、太平洋戦争へと繋がっていくのです。

英国から高いお金で軍艦を購入し、日露戦争でかろうじて勝利するのですが、実はこの頃、ロシアでは共産革命を成功させるため、日本にロシアを攻めさせて弱体化させる戦略が取られたのです。日本は代理戦争をやらされたわけです。

それを見抜けない国民は、「勝った。勝った」と喜んでいましたが、戦後の交渉ではほとんど戦利品はなく、失望した民衆が暴動を起こすという場面もありました。

鎖国に徹していた平和な日本が、明治維新をもって他国と戦争する国に変わっていったのです。貧しい農村を抱え、資源がないにもかかわらず、軍備の金は必要でした。そこで、広大な中国の資源に目をつけたのです。武力で満州を傀儡《かいらい》し、日本の権益を拡大しました。欧米列強に伍していくために、しゃにむに富国強兵に努め、軍艦、戦車、戦闘機、大砲、弾薬を製造し、朝鮮、台湾、中国へ進出し、やがて警戒感をもって欧米に目をつけられ、経済封鎖された後、最後はなりふり構わずハワイへ突っ込み、フィリピン、タイ、ビルマ、インドネシアなど、東南アジアへも資源を求めて攻め入りました。そして最後は、敗戦――無条件降伏です。

「真っ先に日本に核弾頭が落ちる」

結局、一八六八年の明治初年から一九四五年の敗戦まで七十七年間、軍備と戦争に明け暮れましたが、戦後六十年間は戦争をしない状態が続きました。これは画期的なことで、平和憲法のおかげなのです。しかしせっかく、天命が与えた「平和憲法」がありながら、それに従おうとせずアメリカの言いなりになって、自衛隊という名の軍隊を持ち、軍備の増強に励みました。

それらに今日まで費やした費用と、日本政府の現在抱える負債は、同額であると伊邪那岐・伊邪那美人神が教えておられるそうです。八百兆円を超える負債、これがなければどんなに日本の未来は明るいことでしょうか。大きな無駄を重ねました。政治家や日本の指導者は、せっかく所有する軍備を使えるようにしたいと、「憲法改定」まで言い出す始末です。

どんな場合であっても、戦争をしてはならないのです。今は核戦争ですから勝ち負けはないでしょう。共倒れです。たとえ勝つ戦争であったとしても、すべきではありません。戦争に繋がる政策、政治、経済、マスコミの報道、何であれ、断固とした反対を表明する勇気と信念を持たなければなりません。幼い子供たち、次世代を守るには、これ以上の愛情はありません。

なお、黙示録などで地球最終戦争（ハルマゲドン）が起きると予言されており、その場所は中近東ではないかと考えられていましたが、神の啓示によれば、「真っ先に日本に核弾頭が落ちるでしょう」とのことです。日本は地球における始まりの地だからです。原子爆弾も世界で初めて広島、長崎へ落ちましたが、同じ理由からだそうです。

何も行動せずに核の犠牲になれば、魂に大きな悔いの傷が残ることになります。たとえ肉体が焼かれても、魂の中に悔しさ、無念さを持たずにすむように、できることから行動したいものです。

第4章
戦争の後始末

北朝鮮の拉致問題とアジアの戦後処理

北朝鮮による拉致問題が騒がれていますが、一向に解決しません。この問題をどう考えたらよいのでしょうか？

日本人なら誰一人として、百人以上の日本人を拉致した北朝鮮を認め、許すことはできないのですが、その一方で、「日本人をすべて返すまで徹底的に経済封鎖すべきだ」と横田夫妻たちは訴えています。

ところで、北朝鮮はなぜ日本人を拉致したのでしょうか？

それは、「先の大戦で日本軍が朝鮮人に何をしたか」、その反省と賠償を日本に促す必要があったからなのです。悲しいことですが、日本軍は朝鮮人を人間とは思わず、動物のように扱いました。銃で脅して連れ去り、炭鉱、鉱山で働かせたり、女性は慰安婦として多くの兵隊の慰め者にしました。ろくに食事も与えず、体が弱れば何の躊躇もなく射殺しました。陸軍中野学校のように、細菌を開発して彼らを実験材料にもしたのです。不本意に日本人の子供を身籠った女性も多かったのです。

北朝鮮に限らず、韓国、中国で、明治時代から昭和の代までに、日本人が犯して身籠らせた人の数は、靖国神社に祀られている御霊、三百二十万人を超えるとのことです。

このようなことは誰にも知らされておりません。北朝鮮の立場に立てば、百人くらいの拉致で騒ぐのは、「ちゃんちゃら」おかしいと言うでしょう。なぜ、日本は戦争の責任を明確にし、被害を与えた隣国に対する謝罪を今日までしてこなかったのでしょうか。戦後六十年も経過し、大きく復興して経済発展したというのに、です。遅きに失したとはいえ、今からでも過去を償う責任があるでしょう。そうでない限り、いくらアメリカの力を借りても拉致問題は解決しないのではないでしょうか。

横田夫妻が「経済封鎖」を政府にはたらきかける代わりに、「日本軍が行った過去の償いをしてほしい」と政府に訴えれば、北朝鮮の態度も大きく変わるように感じます。

ところで、中国に対する賠償はどうなったかご存知ですか？

一九四三年十一月、アジアの戦後処理について話し合われたカイロ会議に出席した中国の代表は、蔣介石でした。そしてその後、賠償金として提案された金額は、なんと二十兆円です。今の貨幣価値でいえば何百兆円でしょう。

そして日本列島の分割統治です。北海道をソ連、本州をアメリカ、四国を中国、九州をイギリスというものでした。蔣介石は日本でも学んだことがあり、日本通でもありましたが、この莫大な賠償金を辞退すると共に分割統治に異を唱え、天皇制廃止云々は日本国民に委ねるように進言しました。

それは、「恨みに対し恨みをもって晴らしてはならない」、という伊邪那岐人神の啓示が働いて、それを蔣介石が受け入れたためとも聞いています。以徳報怨《いとくほうえん》の魂で従われました。

その他に、当時の中国は毛沢東の共産革命が進行中でした。蔣介石と毛沢東が二分する中国に、莫大な賠償金がもたらされることで、更なる中国の混乱が心配されたからです。蔣介石が賠償金を辞退したことで、彼を支持する人民の半分は毛沢東の支持者に変わり、四分の一は蔣介石から離れ、残った支持者を引き連れて、混乱を避けるため台湾へ渡りました。

蒋介石は、日本人が足を向けて寝られないほどの大恩人なのですが、このことを知っている日本人はほとんどいません。その後、田中角栄が日中国交を回復した時、周恩来も賠償金を求めない旨を明言しました。日本はその後、ＯＤＡ経済援助として、二兆円ほどを出費するに留まっています。

「Ｋ」さんの力と背景

私はこの本を「Ｋ」さんからの情報により書いていると最初にお断りしましたが、「Ｋ」さんに、その情報をもたらしている力は何でしょうか？　それをここで明らかにしましょう。そして、今までどのようなことが起きたかを明確にして、情報の信憑性を確認していただきたいのです。

「Ｋ」さんに啓示を与えておられるのは、「大正腑・天神」の大霊神理気が遣わされた「人祖・伊邪那岐・伊邪那美人神」です。人祖より明かされた「Ｋ」さんの前世は摂政・藤原良房とのことで、彼は「空海」に大変可愛がられました。父親の藤原冬嗣《ふゆつぐ》は、同じく摂政として空海を重用したといわれています。

「K」さんは、平成十一年十一月十八日、今日より「第三代・東核芒種《とうかくぼうしゅ》・大伝道師」を名乗るよう天命を受けました。ちなみに、東核とは東がすべてを生み出す核であるという意味で、太陽を意味します。

この資格がどのようなものであるか、知れば知るほど、極めて恐れ多いものであることが分かります。この世的には、誰も知らない資格であり、ぞんざいに考えがちですが、東大総長も及ばない人智をお持ちなのです。まともに勝負して勝ち得る人は、今の世に存在しません。

かつて、京都大学名誉総長・小牧久時博士や池田阪大総長達が主催する「国際地球環境大学」で、「K」さんは、「人間の知恵と知瑠《しる》恵《めぐみ》について」講演されました。「ぶっつけ本番」だったにもかかわらず、その内容はノーベル賞にも匹敵すると絶賛され、その功績により「小牧久時平和賞」「生物農業研究所賞」を受賞されたこともあります。

実は、この講演にあたって「何を話そうか」と、「K」さんが困っていた時、伊邪那美人神のお声が聞こえ、「心配しなくてよろしい。演壇に立てば自然に口が動きます」と言われたそうです。

人類が誕生してから今日まで、この大役は三名の方のみです。ちなみに、初代・東核芒種大伝道師は人祖・伊邪那岐尊であり、第二代は四千二百年前の初代・天照《あまてる》天皇です。

考えてみれば、仏陀もイエスも空海も、この資格を与えられてはおりません。「K」さんは、この天命をもとに宗教の教祖でもやれば、大教団が出来るでしょうけれど、そんなものには目もくれず、質素に生活しておられます。「出資するので教団を設立しませんか」という誘いも実際にあったようですが、断られ都度、伝えられる伊邪那岐・伊邪那美人神のお言葉を一人でも多くの方に伝えたいと、老骨にむち打って努力しておられます。

先にお伝えした「太陽系宇宙《うちゅう》産の仕組み」、「生命誕生の秘密」は、すべてこの伊邪那岐・伊邪那美人神からの教示であり、疑う余地もありません。

では、どのようにして神の啓示が下るのかを説明しておきます。

この現世は三次元界ですが、人は魂の修業状態により四次元までいくことができるそうです。伊邪那岐・伊邪那美人神はじめ、仏陀、モーゼ、イエス、ムハンマド、泰澄《たいちょう》、空海、日蓮、法然など、多くの高級霊は七次元津《かい》に存在しています。「他にどのような方がおられるか」は先にご紹介した不戦を誓う「神聖画」をご覧になれば、描かれております。彼らは、何とかして人類を導きたいと願っているのですが、四次元津《かい》まで人間が上がってこないと波長が合わず、通じないとのことです。霊命界と生命界が繋がってはじめて啓示が降りるのです。

「K」さんには、一度だけ伊邪那美人神がお姿をお見せになったこともあります。また、仏陀、日蓮が姿を現して、言葉を伝えられたこともあります。それについては、後で詳しくお知らせします。

このようなことが現実に起きているという事実《じじつ》に、我々は、ただ疑ったり、驚くのでなく、宇宙《うちゅう》産生命界の仕組みを学び、吸収しなければなりません。

神の実在

天記津州《あきつしま》・日本列島は、神が定めおかれた地球の中心地です。

まず、日本列島の形について考察してみましょう。この日本という国は、偶然に出来た世界の中の小さな島国にすぎないと考えている人が多いのですが、それは認識不足というものです。

日本は、世界の大陸の雛形《ひながた》なのです。

地球は、日本の列島から始まって世界の大陸が造られたということです。日本列島に台湾を加えた五つの島が世界の五大陸を表しているのです。すなわち、北海道は北アメリカ大陸、本州はユーラシア大陸、四国はオーストラリア大陸、九州はアフリカ大陸、台湾は南アメリカ大陸です。

日本地図と世界地図を見比べると、あまりにも似ていることに驚きます。皆さんも地図を見比べて観察してみて下さい。ちなみに、富士山の位置にはエベレスト山脈があり、伊勢湾にはペルシャ湾、紀伊半島にはアラビア半島があり、瀬戸内海は地中海に対応しています。

人祖は天界から天下った方ですが、天界の様子やそれぞれがはたらかれる霊神理気を明確にされ、神の名前を明らかにされました。それが大陸へ広がっていくことにより、そこから世界の宗教も生まれてきたのです。このような事実は初めて明かされるもので、信じられない人も多いことでしょう。

過去の件《こと》で、神の実在を認識し得ることはないでしょうか。

鎌倉時代、北条氏の治世時、蒙古軍が九州北部を圧倒的船団と軍勢で攻めてきました。この時、日蓮上人もこの件《こと》を予言していましたが、日本を救うべく必死の祈りを捧げました。それが、天に通じたのかどうか、一夜にして神風が吹き、船に夜間逃れていた蒙古軍は全滅したのです。蒙古軍にとって夜戦は不利なので、彼らは昼間上陸して戦い、夜は船に戻っていたのです。

これは神が日本を護られた結果ですが、太平洋戦争で日本の敗戦色が強まっていく最終段階で、「日本は神が護る」と期待して「神風特攻隊」を編成しました。最後は「神が護って日本は勝つ」と信じていた人もいたのですが、結局、日本は負けました。

蒙古が襲ってきた状況と、日本自らの国力を強めるという欲のために、朝鮮、中国へ侵略戦争に出かけたのとは訳が違います。神は自分達の都合のよいように、いつもはたらかれるはずもありません。

太平洋戦争の末期、アメリカ、日本は、核兵器の開発にしのぎを削っていました。この状態を天界より見られた「大正腑の天神」は、昭和二十年四月十二日、ついに「神祇の裁定」を下されました。

大嘗神祇祭を通じて、「絶対に争い戦いを致しません」という神との契約、誓いを忘れ、宣戦布告の証書を書かれた昭和天皇はハッと我に返られ、ただちに杉山元帥を呼び、原爆開発を中止させられました。

一方、アメリカのルーズベルト大統領にも、この神の裁定が下りましたが、ルーズベルトは従わず、マンハッタン計画として原爆製造を推進しました。彼の命は、その日の昼食前（アメリカ時間四月十二日）、脳卒中という形で、召し上げられました。

振り返ってみると、彼は一九四二年二月、アメリカ在住の日系移住者のみ、約十二万人を強制収容所に入れました。同じ敵国でも、イタリア系、ドイツ系は無傷でした。戦争勝利直前の死であったわけですが、彼は外交担当であり、次期トルーマン大統領は内政担当であったため、戦後処理は日本にとって幸運でした。人種差別の強い彼が生きていれば、外交担当であり、相当過酷な処置が日本に対して、行われただろうといわれております。

大平正芳総理は、戦前、満州へ出張し、麻薬アヘンの取り締まりと称して、このアヘンを中国人にさばくことにより、莫大な利益を生み出す仕組み作りに貢献しました。その手段として満州中央銀行を活用したのです。アヘンを栽培させていた場所は北朝鮮でしたが、戦後、彼が総理になった時、それを明らかにして北朝鮮に補償し解決するよう、神の啓示が下りました。しかし彼は、それを無視しました。

第二次大平内閣が解散になり、昭和五十五年六月二日、史上初めての衆参同時選挙が公示されたのですが、彼は疲労のため五月三十一日入院、六月十二日容態が急変し、心筋梗塞で七十歳の生涯を閉じました。選挙を待たずして彼の命は召し上げられました。

今でも大量の麻薬が日本に密輸入されているのですが、もとはといえば、日本が栽培させ指導していたのです。彼がもし神の啓示に従っていれば、北朝鮮による拉致事件も起きなかったかもしれません。

小渕総理は、時のクリントン大統領・アメリカにべったりの外交姿勢をとりました。不評の二千円札を発行したのも彼ですが、彼の時代は大量の国債発行で知られています。彼がこのまま総理の座にすわり続けると、どれだけ日本の借金が増えることかと危惧されていました。

そして、彼は「日の丸・君が代法案」を成立させましたが、次は「憲法第九条」改定であると言い出しました。大正腑の霊神理気に触れ、「今月中に命を召し上げる」と「K」さんに「お知らせ」がありました。それは平成十二年三月二十四日のことでしたが、三月末に脳梗塞で倒れ、意識不明となり、人工呼吸も虚しく四月五日に息をひきとりました。

人間魚雷として、潜水艦「回天」に乗って命を落とした若き命は千数百人に上りますが、実際に敵にぶつかって散った命は百四十七名のみで、残り千人以上の人たちは、練習中、訓練中に死んでいるのです。内側からは開けられない回天の魚雷艇の中で、沈んで戻れない状況になり、空気の尽きるのをむなしく待つ心境は、どんなに悔しく無念だったことでしょう。彼らは肉体を傷つけ自分の血でもって、最後の言葉を手ぬぐいなどに書き残したそうですが、それが回天記念館に展示されているそうです。

ある日、「K」さんに人祖からお知らせがあり、「誰からも忘れ去られている、この御霊を鎮めてやってほしい」と伝えられ、平成四年十月十日に、基地のあった徳山市大津島の回天記念館へ向かわれたのです。そこで、にわかこしらえの祭壇を設け、お祀りされました。

翌、十月十一日に車に同乗して、次の目的地、四国へ移動中のことでした。瀬戸大橋を「明るいうちに渡りたいな」と時計を見たのが、四時四十七分だったそうです。ちょうどその時、人祖からお声が聞こえ、御霊を鎮めた労をねぎらわれると共に、「本来、日本政府がやるべき御魂《みたま》鎮めを神が行ったが、このままではその行為に対する何の証もないので、それを明かすべく太地喜和子を生け贄《にえ》にする」とのお言葉が下りました。「K」さんは驚いて、思わず「太地喜和子を……」と叫ばれ、前にいる運転手が、「どうか、されましたか?」と振り返ったそうです。

十月十三日午前二時過ぎ、海を見にいっていた大地喜和子さんたちは車ごと海に沈み、三人中、彼女だけが助かりませんでした。彼女は、心大らかな女性で、共演した男優と深い仲になるのは自然のことだったようです。童貞のまま、若くして海中に没した御霊を慰め鎮めるのに、彼女ほどの適任者はいなかったことでしょう。彼女の御霊は、人祖・伊邪那美人神に護られ、今、「K」さんの自宅に祀られています。

靖国参拝の是非

これと同じような話があります。

靖国に合祀されているというA級戦犯の方々は戦争推進者というレッテルを貼られていますが、実際はかなり異なるようです。

東条英機が絞首刑になる直前に書き残した短冊に、「戦争無用、希求平和」とあるそうですが、彼は本来、戦争反対論者だったようです。暴走する軍部を抑えられるのは彼しかいないと、昭和天皇が総理大臣を勅命されたのでした。

愛知県三ヶ根山には、巣鴨刑務所で絞首刑になった七名の戦犯の方々の火葬された灰や骨を密かに持ち去り、埋葬されてあるのですが、それが縁で、その後、一千名を超える戦犯や各地で玉砕した戦争犠牲者を、生き残った仲間が祀る場所となっています。「間違った戦争を二度と繰り返さないようにしよう」というのでなく、負けた悔しさ、怨念、恨みが渦巻き、憲法を改定して、「戦争できる国」に戻そうとする人たちが頻繁《ひんぱん》に訪れる場所になったのです。

このようなところに祀られても、心和まず、さりとて右翼が喜ぶ「戦争推進論者」という形で靖国に祀られても心安まらず、また国の指導者が憲法九条の重みを理解せず、改憲を唱える軽さに悩まれ、居り場がなく、「迷い御霊魂《みたま》」となっておりました。

これらの御霊魂を、平成十一年十二月九日、人祖・人神が案内され、「K」さんの自宅に祀られている、伊勢生成《いせいいなり》の神の元に合祀されたのです。東条英機氏他、二十七名の御霊です。このことは、少数の人を除いて誰も知りませんが、現在、靖国神社には、A級戦犯の御霊は一体も存在しておりません。

また、話が前後しますが、次のような情報もあります。恐らく誰もがすぐには信じられないでしょうが、戦争殉難者として、靖国神社に祀られていた御霊魂《みたま》がすべていっせいに、平成九年四月十二日午前三時を期して、靖国神社を出てしまわれたのです。人祖がお出ましになられ「それならばあなたたちの安らぐことができる場所に案内しましょう」と仰せになり、下に垂らされた右手の手の平を、かすかに二度右に動かされるや、どこからともなく神雲が現れ出で、殉難者の御霊魂《みたま》をすべてお乗せになり、昭和天皇の武蔵野御陵に案内になられたのです。

あれほど激しい「鬼畜米英を殲滅《せんめつ》せよ」との命令に、親子兄弟妻子が別れを惜しみつつも、死ぬことがお国のためと教えられ、それを信じて戦った米国に、今、日本国の自衛隊が「どう協力し行動するか」の議論がなされている。それが語りかけてくるものは、「我々の死が犬死でしかなかった」ということです。

そして、時の総理大臣が根本的な解決をしないまま、靖国参拝をしては物議をかもしている。そんな靖国神社では心安まらないという英霊の声を伊邪那美人神がお聞き取りになったのでした。総理大臣の靖国参拝の是非が議論されていますが、霊的な眼を持った方がここを見られたなら、御霊魂《みたま》は一体もなく空っぽになっていることに気付かれることでしよう。

さて、先にお伝えしたように、持統天皇により建立された幡頭《はず》神社は、伊勢方面を見通せる愛知県吉良の山の高台にあるのですが、その山に繋がる二つの山があります。一つは三ヶ根山ですが、真ん中の山を中部国際空港の埋め立てに使うために削り取る計画が進んでいたのです。ある日、「K」さんに建稲種尊《たけいなだねのみこと》のお声が聞こえ、「三つ連なる山の中央の山をなくすると霊脈が切れるので、それは断じてさせない。すぐ幡頭《はず》の役場へいき、この計画を中止するよう伝えてほしい」と言われたのでした。

「K」さんは言われた通り、役場へ出かけました。担当者に話をすると、「とんでもない。あの山を削る件については、すでに議会承認も下りている。今さら、よそ者にとやかく言われる筋合いはない。すぐ帰れ」と、けんもほろろでした。

「帰れと言われなくても帰りますが、氏神様がそのようにおっしゃっているので、よく検討して下さい」と言い残して帰りました。その後は特にフォローしなかったのですが、神の計らいは不思議なものです。なぜかいつの間にか山の掘削は中止されたのです。

その後、しばらくしてまた建稲種尊《たけいなだねのみこと》のお声が聞こえ、「もう一度、役場へ出向き、残された山に里宮を造るよう、言ってほしい」というものでした。言われる通りに役場へ出向くと、今度は町長が出迎え「あなたでしたか。あの山の掘削中止を言いに来られたのは……」ということで、話はとんとんと進み、「議会に諮《はか》って、里宮の件は何とかしましょう」ということになりました。しかし、その後の町長選挙で彼は落選し、その後どうなったか、今日現在確認されておりません。

ところで、冒頭でお伝えしましたが、「不戦を誓う神聖画」を「広く世の中に広めなさい」というお言葉が「K」さんに下り、それから数年をかけて、「K」さんはこの「神聖画」を日本各地の主要な神社、仏閣に納めていただくべく行動されました。

その中で、「私は憲法九条改定論者であり、受け取れない」と、まったく話を聞こうともされず、社務所に向かって大声で「お客さまのお帰りー」と言って、奥へ引っ込んでしまった宮司がいました。伊邪那美人神のお声が聞こえ「いくらなんでも失礼です。本人が謝るか、代わって社務所の人間が謝るなら許しますが、そうでなければ今日中に命を召し上げます」と言われたそうです。「K」さんは、そのことを社務所の方達に、二度お伝えして帰りました。

一週間くらいして、ある護国神社を訪れた時、応対した宮司が「私の命は、取らないで下さい」と、いきなり哀願されるので訳を聞くと、先週訪れた宮司が、その夜のうちに脳溢血で倒れ、命を召し上げられたということでした。

長野にある有名な神社で、関係者はご存知のはずですが、こんなことが起きるのです。神の存在を信じない人も、このような現実を否定することはできないのです。

日蓮上人の御心

仏が具体的にお姿を見せられることもあります。その辺を、もう少し詳しくお伝えしましょう。

「K」さんが自分の前世である藤原良房の墓を訪ねて京都嵯峨野に出かける前夜、お風呂に日蓮上人が出られ「自分が説いた教えの真意を確かな者に伝えてほしい」と言われました。

「この世に、男、女として生まれた以上、誰もが結婚して子供を産み残し、この世を去っていける世の中をつくりたい」。

これが日蓮上人の御心でした。この心願を「南無妙法蓮華」の中に込められたのです。上人は伊勢にも行かれましたが、権力者の神祀りになっており、その無念さ故、民を苦しめる幕府に対し政治の誤りを激しく追及し、権力に媚びる僧侶を批判されました。

「天命よりいただいた命を『知《し》瑠《る》恵《めぐみ》』に従って、見事に花咲かせて天命のもとへ帰っていく、このありがたい教えを受ける『南無妙法蓮華』を唱える者が、権力政治を推進する政党に組して憲法第九条の改定に手を貸し、権力を推し進める一役をになうとは何ということか、いかに言葉を尽くしても、その説明がつかないであろう。どれほど多くの若者が結婚できなくなったか、それを今は多様化の時代だから結婚ばかりが幸せでないと、詭弁で逃れるが、この世に男、女として生まれた者で結婚したくない者がどこにいるか。色々な情勢により結婚が非常に難しくなっているのだ。今、どれほど結婚しない男や女がいるか、調べてみよ。そうすれば、『南無妙法蓮華』という言葉がいかなることかが、判るであろう」と言われました。

すべてが結婚して、男と女が幸せの魂の中でわが子を産み育て、蓮華の如く花を咲かせる。すなわち、見事に子供を産み育て残していく。そして、この世に生命継承の一齣として生まれた、その大役を果たして喜んで死んで逝く。これが日蓮上人の御心でした。

翌日、嵯峨野へ出かける車の途中で、伊邪那美人神からお知らせがあり、「すぐ太秦《うずまさ》の広隆寺の霊法館に来るように、そして弥勒菩薩の所へ行きなさい」と言われ、行ってみると、弥勒菩薩が「もう最前から、あなたをお待ちしている方が千手観音の前におられます。」と言われ、千手観音のところに行くと、そこに、お坊様が立ったお姿で待っておられました。

黄色の衣をまとわれ、会釈された後「私は釈迦です」と、ご自身から名乗られ、「私は日本の十種神鳳《とくさしんぽう》・伊勢生成《いせいいなり》の神が神理気であり、姿がなく、非常に皆に教え難いので、何かよい方法はないものかと考えた末、仏という姿を編み出した。『天照皇大御神《あまてらすおおみかみ》』を阿弥陀如来で現し、『日輪太陽界神』を大日如来とした。そしてそこに産まれた『血種遺伝子』を血《ち》種観音《ぐさかんのん》、『月暦見満引神《つきよみみちひきのかみ》』を月光菩薩とし、仏教ではこのように教えた」と告げられました。

ちなみに、「血種観音」の「血種《ちぐさ》」とは遺伝子のことですが、それが「千種」となり「千《せん》手《じゅ》」となりました。「千手《せんじゅ》観音」として伝えられている仏の手の数は千ではなく三十八本になっており、前にお伝えしたとおり、人祖が産み育てられた三十八名のお子、それが生命遺伝子の「源」であることを伝えているのです。

神と仏の違い

以上、いろいろな現象を説明しましたが、「神の実在」は疑いようもありません。「神も仏もあるものか」と、横着に振る舞っていると、厳しい結果が待っています。心素直に認めて、生活行動を改めたほうがよさそうです。

ところで、神と仏はどう違うのでしょうか？　私たちは「神仏」といって同じように考えています。仏陀は仏で、イエスは神、または神の子と考えている人もいます。

この世で男女の営みの結果、生まれた人が悟りを得て、あの世へ帰られた場合は仏と呼びます。仏陀もイエスも仏ということになります。伊邪那岐尊・伊邪那美命は神といえますが、この世に人間として生まれられたので人神と呼んでいます。伊勢神宮の外宮に祀られている初代・天照《あまてる》天皇は豊受大神として祀られていますが、この世に生を受けられた方であるため、神の外、すなわち外宮に祀られているのです。

また現在、内宮に祀られている天照皇大神《あまてるこうたいじん》とは、本来は伊邪那岐人神のことですが、神武勢力が神武の祖母にあたる「大日霊女命《おおひるめのみこと》」を、この神として祀ったため、「天照皇大神《あまてるこうたいじん》」は女神になってしまっているのです。この天照皇大神《あまてるこうたいじん》と天照皇大御神《あまてらすすめらおおみかみ》とは、まったく異なるので注意が必要です。

ところで、イエスはマリアが聖霊により身籠った子とされていますが、真実は、マリアは、ローマ兵に辱められて身籠りました。マリアは悲しんで死を選ぼうとしたのですが、ヨセフが何もかも承知でめとり、産み月の早いイエスを自分の子としたのです。こんなことも知らされました。

さて、実在する神にどのように接していったらよいのでしょうか。

仏にお参りする時は合掌し瞑目して、念仏や題目を唱えます。合掌するのは、右にも左にも偏らない「中道の心」を表しているとお聞きしたことがあります。そして心の中で願い事をするか、感謝のお祈りをするかでしょう。願い事をすれば、認めてもらえるのでしょうか？　願い事が成就するのでしょうか？　それが本当なら世の中は楽しいでしょうね。こわいものなしです。

しかし誰でも経験するのは、いくらお願いしてもなかなか成就しないという現実です。たまに実現すると、どこどこの神社はご利益《りやく》があるといって、そこへ押しかけます。しかし、誰も彼も願い事が成就するわけではありません。無限の力を持つ、「不可能のない神」に願うのに、なぜ成就しないのでしょうか？　皆さんは「神が存在しないのだから成就するわけがない」と考えますか？

神は実在する。しかし、願い事は必ずしも成就しない。

ここのところを考えてみたいと思います。人間は神に近づくべく魂の修業をするために、この世に出てくるといいます。また、前世で創ったカルマを解消するために修業させられるともいいます。何度生まれ変わっても、その度にカルマを創ればエンドレスの修業になってしまいます。

しかし、あの世へ帰って、今回の人生を振り返り反省して、再度生まれ変わり、「今度こそは上手くやります」と言って出てくるようです。生まれ変わるたびに、普通は少しずつ魂が向上していくようです。神の御意志に近づくということです。まれに失敗して、元のもくあみ、前より悪い状態であの世へ帰ることもあるようです。

考えてみれば、筆者も今まで何度も「お願いの祈り」をしました。しかし最近は、あまり個人的な祈り言葉を発しないようにしています。個人的な祈りは、本人がしなくても守護霊が見ているので、いざとなったら必ず助けると聞いたことがあります。

逆に言えば、「いざとならないと助けない」ということです。いつも何でも思い通りうまくいくはずがありません。もしそうであったら、この世に出てきて、修業する意味はなくなります。生徒に宿題を出しておいて、答を全部教える先生はいないでしょう。もし、いたとしたら、先生ではありません。しかし、ここの部分だけが、どうしても分からないという場合、教えられることがあります。これが、「いざという時のお助け」です。

一般的に、私たちは神に祈って結果がよくなっても、これは偶然だとか、運がよかったなどで片付けてしまいます。願いが成就した深い感謝の祈りは、忘れがちです。感謝の祈りができるようになれば一人前です。感謝は何にでもできるからです。

朝、無事に目覚めることができた。ありがたいことです。

手足が動く、目が見える、耳が聞こえる。ありがたいことです。

飢えもせず食事がいただける。感謝です。

家族が今日も元気で活動している。本当にうれしいことです。

しかし、感謝の毎日だけで平穏無事に人生を終えるとは限りません。自分に都合の悪いことが起きると、感謝ではなく恨みます。「どうして私が……」と。この世に起きることで、「偶然はない」とのことです。必然として、起きてはならないことが自分に降りかかる。その時は、なぜそうなったか不明です。しかし時間が経って考えれば、「こういうことだったのか」とわかることがあります。「目に見えない世界」の存在を信じる、見えない世界から自分の想い、行動を「いつも見ている存在がある」ことを信じる。私は経験を通じて、このことを学びました。

目に見えない世界を、心から信じない人が何か困難に直面すると、すぐお祈りしたりお願いしたりしますが、意味のないことと言わざるを得ません。また、易や占いに凝って自分の行動を自ら制約している人もいます。そんな人は、もっと積極的に生きるべきではないでしょうか。自分を「有利に護る」ために生きるのでなく、我欲を捨てて、自分の才能、能力、体力、気力を、世の中のお役に立つように使うということです。自分の我欲を満たすためでなく、自分の才能を誇示するためでなく、他者のお役に立つように自分の才能を生かすことです。そうすれば、自然にお祈りなどしなくても、必要なことは叶えられるのではないでしょうか。

私の体験から得た教訓は以下のようなものです。

「実在する神（守護霊、指導霊を含む）は、意味があって試練を与える。それを克服すれば、その行為を決して見捨てない」。

世の中は決して自分の思うように、期待するようには、いきません。突然、愛する人を失ったり、天災に遭って家財産をなくしたり、運悪く事故に巻き込まれたり、事件を起こして社会的信用を一気になくすることもあります。

「こんなふうには、なりたくない」と誰もが思っていますが、起きる時には起きるものです。

しかし、偶然のない世界ですから、その運悪く与えられた状況にも、「意味」があるのです。まず、その意味を把握するように努め、たとえ、その時、分からなくても、不幸にして与えられた逆境を冷静になって乗り越えなければなりません。絶望して自殺などしては、また来世でやり直しさせられます。地獄の苦しみですが、耐えることです。「人生を賭けた宿題」です。恥も外聞もありません。

その問題を解けないとしても、命がけで取り組むべきです。その思い、行動を「見守っている存在」があります。時間が経てば、なぜこのような不運、試練に見舞われたか意味が分かり、魂の深い部分で感謝する結果になります。

第5章

知恵と知《し》瑠《る》恵《めぐみ》の違い

「正義」と「良心」を失った現代

平成十八年一月、六本木ヒルズ三十八階に事務所を構える「株式会社ライブドア」に、捜査の手が入りました。その翌日から同社の株価は暴落を続け、時価総額約八千億円あった資産が、わずか一週間で五分の一以下までに下がったのです。

〝ホリエモン〟こと堀江貴文氏は、証券市場から巨万の富を導き出す時代の寵児として脚光を浴び、自民党の郵政民営化法案を通すための衆議院選挙にも落下傘候補として出馬し、小泉、武部、竹中などの大物幹部が惜しみない声援を送りました。また財界も彼を評価し、経団連入会を全員一致で承認しました。マスコミも英雄扱いで、彼を連日報道しました。彼は「金がすべて、人の心も金で買える」と豪語しておりました。

フジテレビの筆頭株主がニッポン放送であることを知り、時間外取引で株を買いあさりました。外資に百五十億円の利子を払って、一千五百億円の資金を準備し、買った株をフジテレビに買い取らせる手法（実際は自社の株を買わせる）で、結局約四百四十億円を稼ぎ出したのです。

フジテレビの動揺、その対策を受けて、「想定内」の出来事と言い放ち、流行語大賞にも選ばれました。起業や金を稼ぐノウハウの書物も次々と出版し、三十億円の自家用ジェット機を所有、次々と彼女をかえてラスベガスなどの海外へ豪遊していたとも伝えられています。前年の十二月下旬には「最近、何かに追われている夢を見るが、朝になって夢だと分かってほっとする」などと言っていました。心のどこかに、何らかの疚《やま》しさがあり、彼の守護霊が夢の中で知らせていたのかもしれません。

アメリカ・ユダヤが目指す「市場経済」を、若くして取り込んで実践した彼でしたが、世界一を目指すという無理な貪欲がルールを犯し、法を犯して、結局のところ、元のもくあみになってしまいました。

今回の事件はいろいろなことを教えています。貨幣至上主義、金を持った者が勝者の社会、マスコミも勝者に大喝采を与えます。そして日本政府、財界首脳がそれを賞賛し支援する構図です。これが、日本の今の現実の姿です。どこに、「正義や良心」があるでしょうか？　法は破りさえしなければ許されるということで、すれすれのところをねらって、金儲けなどの目的を達しようとする。言葉を返せば、法律の不備をねらって実施する行為は許されるという思想の氾濫です。

人間には良心がある。本来、法律などなくても規律が守られる社会こそ、人間の社会です。どんな法律を作っても、抜け道を完全に防ぐのは至難の技でしょう。その抜けた部分を人間の良心が補うようになっていたのです。

ところが今や、「お金至上主義」の社会ですから、良心を捨てて金儲けにまい進するのです。政治家も企業家も学者も評論家も……。このような社会の現実ですが、もしこのまま推移していくのであれば、人間社会はもうすぐ崩壊します。というより、今や崩壊寸前です。

マンションやホテルの構造計算偽装問題も、根っこは同じです。すぐに売れるマンションを造るには、他社より少しでも安くしなければならない。そのためには、目に見えない構造部分で手を抜くという手法です。

さらに、問題は役所の確認審査制度です。普通はビルを設計して確認許可をもらうには、ほぼ一カ月かかります。規模が大きければ、もっと日数がかかるでしょうが、工事期間を短くしたいという建築主の要望（早く完成すれば、早くお金になる）から、あの手この手で確認許可を早めさせようと働きかけます。

聞くところによると、一九九八年の日米構造協議で、この審査を早めるためにも民間に委託すべきだというアメリカの強い要請に基づき、一九九九年より構造を含めた確認審査を民間に委託するようになったのです。小泉総理が、郵政民営化だけでなく、「すべて民間にできることは民間に委託すべきだ」と強調しているのは、裏でアメリカの圧力が働いているのです。民間の仕事にすれば、アメリカ資本が参入できるからです。

これも「市場中心主義」の、金儲けのためです。日本は何事につけても、アメリカの強い影響を受けて、アメリカの後を追いかけています。

アメリカの貧富の差のものすごさは日本では理解できないでしょう。国会で「日本の格差が広がっているかどうか」をめぐって議論されていました。小泉総理は「格差があるのは悪いわけではない」と言い切っていましたが、格差の広がる社会が本当に住みやすい社会かどうか考える必要があります。

アメリカでは、五％の人が六十％の資産を占めており、九十五％の人々が残りの四十％を分け合っているのです。経営者の平均年収は日本円で十三億円、一般労働者の平均は三百万円であり、格差は四百三十一倍であるとテレビで報じていました。

日本では、まだこれほどの格差は生じていませんが、アメリカ型を目指しており、格差は今後ますます広がることでしょう。正規社員を雇うより、臨時のパートか派遣会社の人間を雇用したほうが経費は安くてすみます。今、フリーターという名のもとに、正規社員でない人が確実に増えています。しかし政府は、まったく問題視しておりません。

自分達の生活レベルは中流であると考えているサラリーマンが多いようですが、本当でしょうか？　中流と思える人が多いのは、あまり所得格差を感じていない証拠でしょうが、おそらくそういう意識も変化していくと思われます。今の世の中は、実力・財力至上主義、政治も何もかもが金の力で動きますが、貧しい人、力のない人は、見捨てられている社会です。アメリカのエンロンという会社の粉飾決算が問題になっていましたが、ルール違反をしてでも利益追求を図る手法は、ライブドアのよいお手本だったことでしょう。

賢明な日本人は、アメリカを反面教師として良心と正義を呼び起こし、強者でなく、「弱者に光を当てる社会」を目指そうとするでしょうが、そういう日本人はまだまだ少ないようです。

しかし、今に気付かされることでしょう。

なぜなら、この太陽系宇宙《うちゅう》産をコントロールされている「大御意思《おおみごころ》」が厳然と存在するからです。今回の騒動で、ライブドアに司直の手が伸びたということは、そういう正義の神理気がはたらいた結果かもしれません。本当に日本が見放されたのであれば、このような「拝金主義」の社会風潮に冷や水を浴びせる力は、はたらかなかったはずです。

無関心と無知

世の中が弱肉強食で強い者勝ちになると、完全に世の中は乱れます。貧しくとも、分かち合っていく社会こそ秩序が保たれるのです。今の政府は、そういう方向を目指してはおりません。権力の座に居座ると、弱者の気持ちが解らなくなるのです。国会議員で、二世、三世となると、どうしても権力側からしか物事が見えなくなるようです。そういう選挙地盤を引き継いで世襲されていく国会議員が、かなりの数に上ります。

権力の座にいる者が権力志向を強め、弱者を無視、または軽視する政策を実行すれば、世の中はどうなるでしょうか。外国であれば、暴動が起きるかもしれません。しかし、日本人はおとなしいのです。じっと耐えています。「蛙を湯の中に入れて、ほんの少しずつ熱くしていくと、ほとんど気付かないで、やがて死ぬ」と聞いた記憶がありますが、今の日本人の状況もこれとよく似ています。

急激な変化は騒ぎますが、徐々に起きる変化は、「黙って耐える」人種のようです。耐えるのはよいとして、ほとんどの人が「問題意識」がないというのが実態でしょう。政権にとって、こんなにやりやすい国民はいません。口先さえうまく話せれば、何事もその場限りで過ぎてしまいます。「正義の味方」であるはずのマスコミも頼りになりません。彼らも金の力、政治の力で懐柔されてしまうからです。

今から七十年くらい前、日本は世界の列強と肩を並べるべく、しゃにむに軍備を拡充し、徴兵制を儲けたり、ドイツのゲシュタポならぬ治安維持法を定め、特高警察が戦争反対者を手厳しく取り締まり、戦争に向かって進んでいましたが、大多数の日本人は無関心か、静かに黙って「黙認」していました。今の時代と同じです。

最後は、家、財産丸焼け、原爆投下では命を落とすだけでなく、助かっても後遺症で悩まされて、いつまでも地獄の苦しみを引き継いだのでした。そこまでいって、「しまった」と気付いたでしょうか。「もっと早くから戦争に反対すればよかった」と後悔や懺悔をしたでしょうか。しなかったのではないでしょうか。

戦後は、生きていくのに無我夢中で何も考えられない時もありました。しかし、少し落ち着きを取り戻した時でさえ、そんな反省はしなかったと思います。では何をしたか？「戦争をしたのは、東条英機ら、A級戦犯の人たちだ。我々は犠牲者に過ぎない。とんでもないことをしてくれた……」。

こんな思いではなかったでしょうか。

平成十七年九月の郵政民営化を問う衆議院議員選挙も、まったく同じ構図だと思います。

あれだけ、横暴な選挙、国の将来を憂い反対した同じ自民党議員に、刺客候補まで立てて、あらゆる手段を使って追い落とす。普通、良識のある国民であれば、「何か、おかしい」と感じるはずです。参議院で否決され、不成立に終わった法案を衆議院を解散してもう一度復活しようというのです。参議院とは何なのか。二院制とは何なのか。あらゆる点で、権力の乱用です。

しかし、国民は大喝采を送ったのです。政権側の大勝利です。郵政は、賛成大多数で、民営化されました。郵政民営化の影響は、今後、徐々に出てくるでしょう。しばらくは何が変化したか分からないでしょうけれど、そのうちに、「まさか」という事態が起きるかもしれません。

イエスが十字架で磔になった時、ローマ総督であるポンテオ・ピラトは、民衆に向かって言いました。

「極悪人の死刑囚とイエスのどちらかを助命する。どちらを助けるか選べ」と。民衆は大声で叫びました。

「イエスを処刑せよ。このイエスの血が、たとえ子孫に降りかかっても構わない」と。槍を体に受けながら、この叫びを聞かれたイエスは苦しさの中で、何と言われたか。

「神よ。彼らは自分が何をしているのか、分からないのです。彼らを許し給え」。

イエスの死後、イスラエルという国は滅ぼされ、ユダヤ人は流浪の民となりました。先の大戦で、ナチスドイツに、多くの罪のないユダヤ人が虐殺されました。これは、その時のカルマではなかったでしょうか。

昨年の選挙で小泉政権に一票を投じた人は、今後起こる郵政に関する問題に対しては一切の責任があります。決して、「小泉、竹中が悪い」とは、言えません。こうした問題や同じようなことが、これからも起きるでしょう。

「無関心・無知」は大きな罪なのです。知っていて犯す罪と知らないで犯す罪悪とでは、知らない（で犯す）ほうが罪が重いのです。皆さんはご存知でしたか？　知らなかったから許されると考えるのは、大きな間違いです。いつも正しく判断できるように、普段から六根を良く働かせておくことが必要です。

大峰山《おおみねさん》、御岳山《おへたけさん》などの山岳信仰では、「六根清浄、六根清浄」とかけ声をかけながら険しい山道を登ります。六根とは、眼、耳、鼻、舌、身、意のことで、煩悩の源といわれており、これを清浄することが悟りの道と思われてきました。「K」さんのお話では、六根を清浄することより、「六根同時意発」が大切だということです。

「六根同時意発」とは、何でしょうか?

例えば、耳で聴いたこと、目で観たこと、それをそのままにしておいては、いけないということです。国会質疑で、総理や大臣に対して質問や意見が述べられます。大臣は資料を見たり、耳で意見を聞きますが、ほとんどの場合、それはそれで終わりです。官僚任せで、何ら自ら行動して手を打とうとはしません。目や耳は働きますが、他の器官は働こうとしません。金儲けの話の場合は、諸器官はすぐ発動しますが、国会討論を見ていると、時間の浪費ではないかと思ってしまいます。

「同時意発」とは、すべての必要な器官が同時に働くことをいいます。つまり、見たり聴いたりしたことは「意」、すなわち心で判断し、「身」、すなわち体を使って行動を起こすということです。

この同時意発ができる人が少なくなりつつあります。これが進むと、世の中が成り立たなくなっていきます。部屋へ入ったらガスの臭いがする。鼻は働いたわけですが、他の器官を発動しなければどうなるでしょうか。何かを食べたら妙な味がする。舌が働きました。その時、どうするでしょうか？　自分に直接関係することは同時意発ができるかもしれません。

しかし、その結果が自分以外の他人に影響する場合、また未来に影響を及ぼす場合、同時意発せず、そのままで終わってしまうのです。今後の生き方として、よくよく考えていきたいものです。

「正義と良心の神」を祀《まつ》る天満宮

この「太陽系宇宙《うちゅう》産・十三示元界《じげんかい》」を創造された「大正腑・天神の大霊神理気」は、正義と良心を人間の魂にインプットされたと以前にお伝えしました。そのインプットされた大切な要素を忘れ果て、自我のおもむくまま、利得を求めて生きているのが現代人です。

日本で最初に「大正腑・天神」の霊神理気に気付かれたのは、日本武尊《やまとたけるのみこと》でした。景行天皇の子である日本武尊は、父の命《めい》である「尾張族と共に、蝦夷征伐《えぞせいばつ》に向かえ」に対し、

「何か、蝦夷が悪いことをしたのですか?」と問いかけます。天皇からは「余計なことは何も考えず、言われた通りにやりなさい」としか答が返らなかった。

日本武尊は、腑に落ちないまま、尾張族の本拠地、日神山で幡頭《はたがしら》である建稲種尊《たけいなだねのみこと》と軍議し、彼を副将軍にして出かけるのですが、大府の南にある南島に軍勢を集め、それを石塚(地名)から見下ろしていた時、「こんな戦をしたのでは私の良心が許さない。戦をせずに話し合いで解決しよう」と思われた。

その時、大きな銀杏の樹の上に、大正腑・天神の霊神理気がお姿を現されたのです。そこで、日本武尊は二名の供に命じ、その地に「大正腑・天神」を祀られたということです。その場所は現在、私に情報を提供して下さる「K」さんの「住居の敷地」となっているのですから、不思議な因縁です。

なお、愛知県大府という地名は、これに由来しているのです。

その後、三百年以上経過して、この神社は名古屋市・熱田神宮に移されました。熱田神宮のお祭りである「尚武祭り《しょうぶ》」は、「大正腑祭り《だいじょうぶ》」から来ているようです。尚武の「尚《なお》」という字はいろんな意味を含むという字ですが、「菖蒲」は真っすぐに伸びる花で、「曲がらない」象徴であり、「勝負」は命を賭けることでもありますが、根源の意味は、生命を産み出す「生産《しょうぶ》」にあるのです。

滋賀県余呉湖の辺りで生まれた、丹生家出身の菅原道真は、この大正腑《だいじょうぶ》・天神を、大切な神としてお祀りしようと考えていたのですが、政変で大宰府《だざいふ》に流されてしまいました。道真の死後、度々起きる地震・火災などの天変に、「道真の祟り」とばかり、恐れをなした時の権力は、この霊を鎮めるべく北山天満宮を建立しました。

都の天変地異は道真の仕業ではなく、「天神」の霊神理気がはたらかれた結果でした。現在、北山天満宮や大宰府の天満宮には、「大正腑・天神」と、「道真の霊」が共に祀られています。今では、その他にも日本の各地に天満宮が存在しています。「天神さま」は学問の神といわれていますが、本当は天神のご意思である「正義と良心、善悪」をしっかり教育する、学ぶ必要があることから、このように言い伝えられたようです。

ところで、天満宮とは何でしょうか?

一言でいえば天の神の館です。大正腑・天神の大霊神理気が、満ちあふれている世界です。言い換えれば、正義と良心が満ちあふれている世界です。この三次元世界を、そのような姿で具現したいという天神の大御意思《おおみこころ》なのでしょう。

神はなぜ、生命界を創られたのでしょうか？

それは、「霊」の状態では五感で味わうことができません。五感で味わえる天満の世界を創り、歓びを感じさせてやりたいという御心のようです。しかし、現状の世界は天満の世界ではありません。権力者が好き勝手に権力政治を行い、とどまるところを知りません。

日本では、天武天皇の時代から、この流れが強まっていったようです。良心で政治を行うのでなく、己たちの欲得で利権・利得政治を継続しているのです。敗戦から立ち直った日本は、産業の中でも主として工業を推進してきました。

自動車産業は、今や世界を席巻しておりますが、生産設備を拡大し、大量の原材料とエネルギーを消費し、大量の廃棄物を放出しながら生産台数を増やし、消費者の願望をあおるため、頻繁《ひんぱん》にモデルチェンジを繰り返して莫大な宣伝費を使って宣伝します。どんどんと車を売るためです。売れば売るだけ、利益が出るからです。

果たして、国民や従業員は幸せになれるのでしょうか？　企業の固定資産税や従業員の住民税などの収入を当て込んで、工場誘致には自治体も熱心です。免税してでも誘致を推進します。働く場がなければ失業しますから、住民も反対しません。周辺の住民は、本当に確かな恩恵にあずかることができるのでしょうか。

決して、消せない問題があります。それは、企業家の精神基盤が自分の欲得から発しており、「利益追求」こそが最終目的になっているからです。このような状態では、正義と良心で満ちあふれた世界は築けません。

正義と良心を基準として企業経営を行う場合、欲の力は抑えられ、環境に対する配慮、資源の無駄遣いの排除、従業員の待遇向上、消費者を含めた国民全体の幸せの追求になるはずです。このようにならない企業経営が、いくら隆盛を極めても、神の認めるものではありません。すなわち、永遠に存続を許され、発展していくものにはなれません。

黙ってしまう庶民

先日、ＮＨＫで「税金」に関して、視聴者を交えた討論会をやっていました。「消費税率を上げる前に、大企業の税率を元に戻すだけで二兆円の増収になる」と、ある人が発言すると、別の人が言いました。

「企業の税率を海外より高くすると、企業が外国へ出ていってしまう。そうなると、皆さんは働く場所がなくなり困るでしょう」。

「それは困る」というわけで、企業の税率を元の状態へ引き上げるという意見も、それきりになりました。皆さんは、どのように考えられますか？

いつも、こうしたふうに脅され黙ってしまうのが庶民です。

「海外へ行きたい企業は、どんどん行かせたらよい」となぜ言えないのでしょうか。そこに自分の固定観念に縛られた弱さがあるのです。これを克服しない限り、権力者、金持ちの言いなりになってしまうのです。

貧しくなっても、大自然の中で生きていけないはずはありません。企業が、そう簡単に日本から出ていけるはずもないのです。逆に、企業の税率を下げて海外から多くの企業がやってくれば、私たちの生活環境は悪化の一途をたどります。アメリカの提唱した「大量生産・大量消費」は企業家の金儲けのためのスローガンです。そんなものに踊らされてはならないのです。

かつて、日本には「倹約・節約の美徳」があったのですが、いつの間にか洗脳されてしまいました。確かに無駄が多いのです。必要以上のものを購入したり、簡単に捨ててしまったりしています。

このあたりで生活の仕方を見直すべきでしょう。一時、「シンプル・ライフ」という言葉が流行しました。シンプルの中に、価値を見出す生活スタイルが、これからは、求められます。有限の資源を大切にし、「足るを知る」生活姿勢です。快適な生活と贅沢な生活は違うはずです。質素ではあるが、快適という状態を求めたいものです。産業も、工業生産一辺倒の、環境を破壊するものでなく、農業、林業を見直し、自然を守り育て、観光産業にも寄与するものが、よいでしょう。

「恵みの連鎖」

先にお伝えしましたが、大正腑・天神の霊神理気は正義と良心をこの宇宙《うちゅう》産の法則として創られ、「恵みの連鎖」でもって、生命界をコントロールされています。これを正しく生かしていく時に生命は発展し、損なわれる時に生命は衰退に向かうのです。人間にとって「知瑠恵《しるめぐみ》」がいかに大切かが分かります。「知恵」では生命界が衰退に向かうのです。

人類のみでなく動植物を含めたすべてが、弥栄《いやさか》に繁栄成長していくことを願われているのです。人間が死ぬと、しばらくしてまたこの世に転生してくる仕組みになっていますが、知瑠恵《しるめぐみ》を忘れ、知恵に生きた人間はアダム・イヴと同じ運命をたどるのです。すなわち、この太陽系最果ての迂迦の障壁賀の外の無生津《むしょうかい》へ追放されるのです。

魂は、地球より進化の遅れた星へ行き、二度と地球に生まれることはありません。考えてみれば、死ぬことより恐ろしいことではないでしょうか。今、そういう魂が増えているそうです。日本の少子化は環境悪化のせいだけではなく、転生する資格のある魂が減っていることも起因しているとのことです。

それでは、「知瑠恵《しるめぐみ》」と「知恵」の違いについてお伝えします。これは、大変に大切な重要なことなのでしっかり理解して下さい。

「知瑠恵《しるめぐみ》」とは、得た知識・知恵を生命界全体の弥栄のために活用することです。忠義・大義を重んじ神仏の心になることです。

「知恵」とは、得た知識を己の利得のために他の生命を犠牲にしてでも使おうとすることです。愛も情もない損得の世界です。

戦争に勝つために最新の武器を研究したり、原子爆弾、水素爆弾を開発するのはどちらの知恵でしょうか？　小麦の遺伝子を改造して虫が食べない品種をつくるのはどちらになるでしょうか？　人間の病気治療のためと称して動物実験するのはどうでしょうか？　憲法を改定して戦争のできる国にするのはどちらの知恵でしょうか？　平和憲法を変えて軍隊を持てるようにしようとしている政権に投票するのは知瑠恵《しるめぐみ》の行動といえるでしょうか？

構造計算を偽装し鉄筋量を減らしてコストを下げて売り出したホテルやマンションの設計者、施工業者、販売会社など、一連の会社や社長たちが問題になりました。彼らの頭の中は、生命の尊厳からは程遠く、我欲の塊、金儲けがすべてなのです。マンションの購入者、ホテルの宿泊者が地震の倒壊で死のうが、大けがをしようが、何ら心が痛まないということです。

ここまで、人間として堕落し、今や日本人の「恥を知る美徳」も消えうせてしまいました。知恵を追求した結果です。この現実は他人事ではありません。我々の集合意識として似たり寄ったりの社会風土をつくってしまったのです。国の許認可制度も極めていい加減です。政府、政治家が反省したり、謝罪する光景はなく、責任がどこにあるのか曖昧なままです。何もかもうやむやにして逃れるつもりです。

神の大御意思《おおみごころ》を思い出して感謝し、知瑠恵《しるめぐみ》で生きていくことこそ今後の大切な生き方です。すべての生命が弥栄《いやさか》に繁栄していく、戦争や殺し合いのない世界、大きく和していく、「大和の世界」を世界に広げることです。

皆さんには、ここのところをしっかり理解してほしいのです。一人でも多くの人がそのことに目覚め、生き方を変えない限り、気付きのための大きな天変地異が起きるといわれています。目覚めた人が多ければ多いほど、小さな気付きのための現象で済むことでしょう。

この世界にはいろいろな宗教があり、対立したり争ったりしていますが、結局は太陽系宇宙産《うちゅう》を支配する大霊神理気の大御意思《おおみこころ》の中にあるということを知って、まとまっていかなければならない時期がきています。神の姿形はありませんが、大御意思として厳然と存在しているのです。

神は、聖書にあるが如く「産めよ、増えよ、地に満てよ」というお心です。奪い合ったり、貪欲にならなければ、環境破壊もなく、みんな生きられるのです。後にお伝えする「人口削減計画」など、まったく必要ないのです。前にも述べましたが、動物も植物も人間も

「生えて生やす」「産んで産まれる」「食べて食べられる」という恵みの連鎖の中にいるのです。

眠り続ける日本人

人類が地上に誕生してから七百二十万年、人口は世界に広がり、いろいろな道具、機械を発明し、自然（動物、植物）をコントロールする術を覚え、人間らしい豊かさを身につけました。しかし、いつしか貪欲による快楽を覚え、他を征服して権力を持ち、神の如く意のままに振る舞うことができる地位を求めて、争い始めました。

今日の世界の姿を見る時、「宇宙《うちゅう》産創造の神」が描かれた姿とは大きくかけ離れてしまいました。世界の頂点に立つ権力者は、民衆を奴隷的存在にして、意のままに操れる体制をつくろうと躍起になっています。マスコミもコントロールされ、何が真実か、陰で何が行われているか報道しません（陰の力または金の力が働くため、報道できません）。

飼いならされた民衆は、コントロールされた報道を信じ込み、疑う力も捨て去りました。

権力者の意のままにできる体制が刻々と完成に近づいています。民主主義の国と宣伝されているアメリカの大統領選挙は、何もかも金の力で動きます。正しい考えを持った人は金の力でつぶされ、立候補もできず、ましてや当選することは「絵に描いたもち」です。「莫大な金」を持った権力がすべてをコントロールするのです。

ところで、アメリカ「CIA」の権限は絶大であることをご存知ですか? 自国だけでなく、世界のどこにおいても、何をしても、許される権限を持っています。大統領でさえも、コントロールできません。武器を売るため、当事者双方を罠にはめて憎悪をあおり、わざと戦争を仕組んだりもします。

数え切れない人々が事件に巻き込まれ、殺され、犠牲になっているのです。麻薬ルートを開発したり、没収した麻薬を裏で販売して資金源としたり、暴利を貪っているのです。まさに「神のような存在」として振る舞っているのです。

このような得体《えたい》のしれない組織が出来てしまったのは、アメリカ国民の無関心、意識が眠っていた結果というべきでしょう。眠り続けることがいかに取り返しのつかないことになるか、よい見本です。日本の政治家は国の将来を考え、国を守り、弱い立場にある人々を擁護する政治を行っているでしょうか？　彼らもアメリカなどの力にコントロールされつつ、自分自身の利得を優先させる政治を平然と行い続けています。

マスコミが肝心なことを故意に報道しないため、どこに問題があるのか、ほとんどの人が気付かないのです。政治を変える一般人の権利は選挙ですが、深夜まで野球のナイターやサッカーの試合を見にいっても、選挙にはいきたくない人が国民の四割もいるのです。

また、選挙にいったとしても、問題意識がないので、近くの人が推す人を何も考えずに投票してしまうのです。前回の衆議院議員選挙がその実態を表しています。小泉氏のパフォーマンス、確信に満ちた口上、威勢のよい「かっこよさ」などの視聴覚感覚で、自分の地域に何の関係もない、落下傘候補に投票するのです。このように眠り続けて、目を覚まさない国民が六割〜八割近くもいるのです。

この本の読者の方々が、その中に入っていないことを願うばかりです。

こんなわけですから、当然世の中は明るくなってきません。むしろ、弱者が氾濫し、更なる弱者に襲いかかり、犯罪は増えるばかりです。金をつかんだ勝者は、さらにそれを増やすべく政治家を利用したり、法律さえクリアすればよい、あるいは法律を犯してでも金儲けに走るのです。

金をつかんで、ロールスロイスやベンツを何台も購入し、自家用ジェット機を持って飛び回る人を、世間は羨望の眼差しで見ます。富を得ることが、「勝者の条件」と思われており、手段は問われません。

真面目にコツコツと努力したからといって、成功するとは限りません。むしろ、そんな人こそ地味な生活に終始して一生を終えるのです。場合によっては、人格的に何ら非の打ちどころのない人が事故や事件に巻き込まれることもあります。そんな時、人は言います。「神も仏もあるものか……」と。

自分にとって都合の悪くなった時、神が助けなかったと嘆いても、何の意味もありません。神の実在を、「認識できない」人は多いのですが、人間として極めて不幸なことです。逆に、神の実在を「確信できる」人は何ものにも替え難い喜びがあることでしょう。

ところで、この世の中をこのように悪くしたのは誰でしょうか？　政治家が悪いからでしょうか？　学校の先生が正しく子供を指導しなかったからでしょうか？　自分の親が悪いのでしょうか？　なぜもっと賢く産んでくれなかったのか……？

そして、最後は神の責任にしてしまうのです。

これは、他人様《ひとさま》の話ではありません。「私」自身の話として考えるべきです。私がつくった社会なのです。この社会を住みよくするために、今まで何をしてきたでしょうか？　自分のためだけに行動してきたのではなかったでしょうか？　神と対話しながら生きてきたでしょうか？　神を意識せず自分の意思のみで自分勝手に無責任に生きてきたのではなかったでしょうか？　そのような生き方を続ける限り、あなたの魂は眠ったままなのです。

第6章
「天皇制」と「憲法九条」

天皇は日本国の象徴

日本国憲法第一条に、「天皇は、日本国の象徴であり日本国民統合の象徴である」と書かれています。天皇自ら権力をふるった時代もありましたが、武家政治になると、天皇は政治には無関係となり権威だけを維持されてきました。

現代も、天皇が政治に口出しされることはなくなりましたが、「象徴」という存在は、極めて不明確な部分もあります。国民が誤った方向に進む時、天皇は何ら意思表示されないということで、果たして本当によいのでしょうか。「御難賛助」の精神からいっても、国家が武力を行使することについては、反対されるべきではないでしょうか。

神武から始まり、天武天皇の時代に最高潮に達した、武力による権力政治は、第五十二代嵯峨天皇の時代からようやく終焉を迎えます。人類の大祖先である「初代・伊邪那岐尊」から連綿と続く天皇家の存在は、人類にとって神に最も近い存在として、天皇をあがめ尊敬していくことにあります。もちろん、天皇家の大いなる自覚も要請されます。

人類が天の意和戸《いわど》を出る時、「絶対に争ったり殺し合ったりせず、助け合って人類を繁栄させます」と誓ったのですが、その方《かた》が「伊邪那岐尊・伊邪那美命」の人祖であり、人類の代表がその血統である天皇になるわけです。その天皇の下に、人類が生きていく時、神との契約が果たされ繁栄が約束されるのです。

人類といっても、すぐ世界に通じる話にはならないでしょう。しかし、少なくとも日本人は、この考えを貫き世界に対峙していく必要があります。「象徴天皇」をなくして、直接選挙で総理・大統領を選ぶようにしたら、どうなるでしょうか？　扇の要をなくすることと同じです。国民の意識は糸の切れた凧《たこ》のように方向も定まらず、権力の都合のよいように、さまようことになるのです。

日本人として、天皇（制）を否定することは人祖・伊邪那岐尊の存在を否定し、「八和幡《やわた》之神」の存在を否定することです。人間として、自分が今ここに存在している意義や歴史を否定することになるのです。ダーウィンの学説のように、ある時、偶然に猿から進化した存在にしてしまうことです。己の理性ではなく魂に問いかけた時、いかなる答えが響いてくるでしょうか。

「皇室典範」を変え、女系天皇を認めるかどうかを今国会で決めるとして、議論されていた平成十八年二月の朝日新聞の社説に、「発言はもう控えては」とあり、寛仁親王が月刊誌「文芸春秋」や「正論」に「男系維持を図るべき」と発言されていることに、異を唱えていました。皇室は国政に関与すべきでないとも書かれていました。

しかし、天皇に関係する重要な問題に対し、皇室関係者が発言しないことこそ異常ではないかと考えます。天皇陛下は、平成十七年の天皇誕生日の記者会見で、『皇室典範』については発言を控えたいと思います」と発言されていましたが、このような重大な問題に対し、意見を言われないことこそが問題です。寛仁親王の勇気ある発言に、天下の朝日新聞が水を差すのですから情けない話です。皇室に対する尊敬の念が希薄になっている証拠でしょう。

ところで過日、私のところに「昭和天皇の霊言」が、ある方から届けられました。本当に昭和天皇が、あの世から伝えられたものかどうかは、検証できませんが、その内容はかなりの真実性を持って伝わってきます。ご参考までに、転載しておきますのでお読み下さい。

昭和天皇の霊言（一部省略）

「昭和という時代は、日本の歴史の中で最も厳しい時代であった。

この時代に、天皇の座に宿命づけられ、逃れることができなかった。

私の人生で、天皇に奉られることは私にとって、死刑を意味していた。

私に代わる者の出現を強く望んでいた皇太子青年期であった。

多くの人と多くの国に協力してもらい、日本の国を栄えさせていくことが切なる私の希望であった。

夢は破れ、天皇としての仕事、親しき人々、国を相手に、戦争の先頭に立たされる時、自分の思いを殺さなければならない最悪に自殺を幾度考えたことか。

しかし、国民は貧しく、身売りされる現実があった。

苦しみに耐え、国を良くしようと心情は違えども、国が生きていく道を模索している人々の前に、天皇の力は無力であった。

私は、天皇として飾られ、飾り物として生きる日々であった。
私の写真を礼拝させられる民に申し訳なく、少しでも民の苦難が、私が生きていること
に於いて、果たせるならばと思いつつ、戦争の時代を生きた。
神と奉られる人間の悲しさ、自分の思いを殺して生きる虚しさ。
神よ、私を殺してくれと祈る弱き私であった。

戦争で多くの日本人が、また外国の人が命を落とし、家族の皆さんが苦しみ、戦争は失うばかりで、益になるものは何もない。

無益な戦争に突入していく軍部の意思を、止める力もなく、止める立場でもなかった。

戦争の責任は、すべて私にある。私には、国の意思を決定する、または否定する権力はなかったのだ。

だからといって、昭和天皇として、戦争責任がないとは、言わぬ。

一切の責任を背負う役が天皇なのだから、これは宿命であろう。

日本の歴史は、天皇があって、天皇の元に国としての礎がある。

これは、日本の文化なのだ。それは、神に対して『最高に仕える者』としての存在であって、人を支配する存在ではない。

『神の希望』を申し宣べる、それが天皇の本質なのだ。

希望が聞き入れられるか、希望が実現されるか否かは、国民が背負う宿命にあるのだ。

このようにして、日本の国には古代から天皇という座が存在してきた。

天皇という宿命を背負った者は、これからも身を慎み、口を慎み、生活を慎み、すべての人に神の愛を一身に受けて、人々に接する者であると私は考えている。

まもなく、日本の歴史天皇制は、終わりを迎える。現天皇が最後となる。

まもなく八紘一宇が完成する。

一つの国を中心にして、八つの国に地球が整理されるのである。

それに向かって、すべての神々が働き、神は新しい地球の創造に取りかかっておる。

一九九九年をもって、神々は、救い上げる人々の選別を始めるのである。

本人は、気が付かないが、その時に分かる。

救うべき人には、印がつけられる。

自分には、印が貰えないと思う人は、今からでも遅くはない。

心を改め、氏神様や神社に詣で、お詫びの言葉、感謝の言葉、神の世が栄えるように、思いを正して祈りなさい。我欲のお願いをしてはならぬ。

一人ひとりの真心、マコトが通じるか否かは、その人の思いの正しさ、言葉の真心、行いの真心にかかっているのである。

私は死んで、すべてが許され、今、神の愛の中、天国にいる。

人は死んで、自分の命がすべて終わるものではなくて、異なる次元に移行するだけなのだ。

神の愛の中に入れるかは、その人の言葉、思い、行いが、正しいものであったか否かにかかっている。

人には、それぞれなすべき使命がある。

その使命は、他のために役立つということ、他の心を喜びに進化させたか、正しい心に向上させたかということなのだ。

他の人に喜びを与える、これが神の愛に入る条件である。

人の喜びを奪う者は除《のぞ》かれる。

他国が日本に対して戦争責任を問うている。

日本文化を害する者が、文化知識人といわれる人の中に、新聞テレビのマスコミ関係者、国会議員の中にもいる。

一切の戦争責任は、私が果たした。どうしてかと問うのか。

それは、餓死した人、兵隊さん、他国の人霊に対しても心から詫び、一人ひとりに許して頂き、戦争犠牲者を、天国に案内して救ったのだ。

その働きを神は認め、天国に入ることを許されたのである。

天皇でなければできない仕事を果たしたのである。

時代の流れというものがある。侵略する者も、侵略される者にも、時代の非がある。共に非がある。

国交を開いた時点に於いて、すべての戦争責任は終了する。

日本の戦争責任者の尊い命が処刑され、日本の戦争責任は消滅している。

日本の民として、日本に生まれながら、日本を敵として暮らしている者がいる。これらの者は、大和の国に生まれ、一切のものと、調和する精神を学ぶために、縁あって日本に生まれた本質を悟らず、自分に与えられた使命を忘却している。

「人として、日本人として、恥ずかしくないか」自分に問うてみる必要がある。

日本精神は、何であるか。

自分の言葉、自分の思い、自分の行いは、大和精神の道を生きているのか、自分の心に問いなさい。


日本の天皇は、尊いものである。天皇は国民の飾り物、象徴ではない。

天皇は、人類の心の模範である。

天皇の心を手本として、口を慎み、思いを正し、行いを正して生きなさい。

日本の民は、己の言葉で世を汚し、己を汚していることに気付きなさい。

日本の言葉の波動は、最も神々に届く言葉、神光透波《かみことば》に近い。

透明な光の波を生むのだ。

人々よ、全世界の人々よ、生きる中で憎しみを燃やして、テロ殺人を行うことを止めよ。戦争を放棄せよ。他国、他民族に対する憎しみを捨てよ。憎しみを持つ者は、神の中に入ることはできない。聖なる戦い、ジハードという許しはない。宗教の争い、宗教による憎しみを、捨てなさい。神の中に入りたい者は、憎しみを捨てなさい。人の命を奪うために人は生まれてこない。人を生かすためにのみに、人は生まれくる。資本主義も共産主義も神は認知しない。神の認知は、大調和主義である。人は皆、大調和に向かって行進せよ。喜びを人々に分け与えよ。すべてが仲良く愛和して、生きるよう申し宣べておく」

少し長くなりましたが、以上が、昭和天皇があの世から送られたメッセージです。信じる、信じないは別にして、魂に響くものがあります。特に、天皇制は平成天皇で終わるという部分はドキリとします。ローマ教会の法王も今回が最後と聞いています。

そして、世界が八つの国になるというのはどういう意味でしょうか？　いよいよ大いなる世直し（アセンション）が近づいているのではないでしょうか。天界の大霊神理気が大きくはたらかれる時が近づいているようです。

否、現実に動き出されました。この本の出版もその表れです。心百倍にして、昭和天皇が示された生き方を身に付けたいものです。

「憲法九条」の重みと改定

「皇室典範」を変え、女系天皇を認めることで世界唯一の「万世一系の天皇制」を解体し、次は「憲法九条改定」というのが、今日本が歩もうとしている方向のように感じます。これが日本にとって、いかに悲劇的な道であるか、アジア共産圏を敵にまわしアメリカの楯となって最終的には核戦争の戦場と化してしまうのです。

皇室典範改定は、秋篠宮家の慶事により、いったん見送られましたが、憲法九条改定を次のターゲットとして、自民・民主両党とも動き始めました。現行の平和憲法は、アメリカの都合により「マッカーサーにより、強制されたもの」という何の根拠もない憶測がさも事実であるかのように喧伝されています。

テレビなどで、そういう話を堂々とするベテラン評論家がいます。彼らは真面目に学習していないか、ある意図を持って故意に発言しているかのどちらかでしょう。憲法九条成立の経緯は、ちょっとその気になって調べればすぐ分かることです。

昭和二十一年三月六日発行の「官報」号外が最近公開されましたが、それによれば、「昭和天皇が内閣総理大臣を宮中に召され、以下の勅語を下賜せられたり。日本国民が正義の自覚によりて、進んで戦争を放棄して、国民の総意を基調とし、憲法に根本的な改正を加え云々」とあります。

昭和天皇の強い意向により、憲法九条が設けられたことは、まぎれもない事実ですが、大正腑の霊神理気が人祖を遣わし、昭和天皇とマッカーサーにはたらきかけられた結果であるとも聞いております。昭和天皇は世界の平和を願われ、日本が戦争を放棄することを積極的に求められたのです。決して、マッカーサーに押し付けられたものではありません。同じ敗戦国でも、ドイツは戦争放棄をしておりません。

今は、憲法九条を守るだけでなく、この精神を世界に広げていく時なのです。世界を平和に導く責任が、日本にはあるのです。アメリカの言いなりになっていて、よいわけがありません。なぜなら、人祖の国であり、古《いにしえ》から、「御難賛助」を誓ってきた国だからです。日本人の自覚が待たれます。

テレビの正月番組で、「あなたにとって大切なものを順番に三つあげて下さい」とインタビューしていましたが、ある老人は「平和、健康、年金」と答えていました。最初に「平和」を上げていたことに共感を覚えました。健康であろうが、お金があろうが、平和でなく戦争状態に入ったら、何の意味もないのです。平和の有難さは何ものにも変え難いものです。

失業しホームレスになったとしても、人間修業はできますが、戦争状態に入ったら生き延びるか、敵を殺すかしか、考えなくなります。戦後六十年続いた平和のおかげで、平和の有難さを忘れかけている人が増えています。たまには、戦争したほうが人間がしゃんとするなどと、無責任なことを言う人もいますが、平和は一度失えば、もう取り返しはききません。いくところまで行き着きます。すなわち、日本人だけでなく、「人類の絶滅」もあり得るのです。

ところで、過日、「男たちの大和」という映画を観ました。筆者の身内が二十二歳の若さで、戦艦大和で戦死しているということもあって、他人事ではない気持ちでした。大和は、昭和二十年四月六日、午後四時過ぎに広島、呉の軍港を出て、翌七日の午前中に敵戦闘機八百機の襲撃を受け、午後二時過ぎに撃沈されるのです。

もちろん遺骨はなく、「四月七日戦死」の通知があっただけです。この頃、東京、大阪、名古屋などの都市も、焼夷弾による空襲を受け、どんどんと焼土化していく中、大和を港に停泊させたままで沈めてはならぬということで、護衛機を一機も持たず、片道燃料のみを積んで沖縄へ向かったのです。

映画の中で、一部の若者が言います。

「国を護るために命を投げ出すことに依存はないが、このような状況で特攻として死にいくことは、果たして犬死になりはしないか」と。

そして、この意見を巡って小さな乱闘が起きます。この時、通り合わせた上官が「明日の命しかない者が、争ってどうする。俺たちが死ぬことにより、新しい日本の礎《いしずえ》になるのだ」と諭します。

翌日、いよいよその時がやってきます。

アメリカ爆撃機が空を埋め尽くすほどの数で、「大和」めがけて攻撃を開始します。必死になって、それらを一機でも撃ち落とさんと戦う壮絶さは映画とは思えないほどの迫力で、真に迫るものがあります。

今まで隣にいて、共に戦っていた戦友が弾丸で吹き飛び、肉片が血潮と一緒に、辺り一面に飛び散ります。凄惨極まりない情景が次々と現出されます。この極限の緊張感、この必死さ、そして命ある限り、ただ戦うのみ、少しでもお役に立ちたいという無心の想い……。一人ひとりは、純粋な心情そのものです。愛する人、家族、両親、そして故郷……。すべてのために、あまりにも若い己の命を捨てたのです。

そして戦後六十年、彼らが命を捨て、礎となって築いた平和の恩恵をこうむって、私たちは何不自由なく豊かに暮らすことができました。どんなに感謝しても、しつくせるものではありませんが、今や、感謝など誰もが忘れ果てています。そして、この平和が今まさに簡単に崩されようとしているのです。

イラクへの自衛隊派遣、そして憲法九条の改定です。

小泉総理は周辺諸国の反対を無視して靖国参拝を続けています。

「平和を誓って英霊に参拝することに、なぜ反対するのか理解できない」と嘯《うそ》ぶいています。多くの命、尊い犠牲の上に、勝ち取った平和憲法を変え、現状に合わせて、軍隊の持てる国にしようとしている国家の最高責任者に対し、このような無心の想いで散っていった靖国の御霊魂《みたま》は、どう思うでしょうか？

彼らは「鬼畜アメリカ」と戦って、命を散らしたのです。そのアメリカの言いなりになって、アメリカのご機嫌をとって政治を行い、平和憲法まで変えようとしている日本の指導者、日本国民をどのような想いで、草葉の陰から見つめることでしょうか？

このようなことで、多くの魂は、安らかに鎮まるでしょうか？　彼らの死が犬死にならないでしょうか？

そのことを、私たちは真剣に考えなければなりません。

第7章
世界の現状と日本の生きる道

「志を合わせる」＝《イコール》幸せ

「幸せになる」とは、いかなることかをお伝えします。

この世の幸せのすべては、この大宇宙産《うちゅう》の大御意思《おおみこころ》が定め置かれた至極《しきょく》に従う志の中にあるのです。本当の幸せとは、「志を合わせること」で、それを志合わせというのです。自分の幸せを先に考えてしまう人の集まりは、地獄の社会をつくり、一人も志合わせには、なれないのです。

「大宇宙産《うちゅう》の大御意思《おおみこころ》」とは、何だったのでしょうか？　動物、植物、人間、すべての命が弥栄《いやさか》に繁栄することです。人間は難儀が襲っても、われ先にと争うのでなく、助け合い励まし合って生き抜くことです。「御難賛助」、ただそれだけのことです。これが「志合わせになる極意」だと教えてくれています。

難しい学問は不要です。一生懸命になって宗教を学んだり、滝に打たれて難行苦行したり、何とかして何かを無理やり信じなければ幸せになれないということもありません。自分にできることをして周りを助け、自分にできないことを周りに助けてもらう、「生かし合いの世界」です。これが分かればもう何も怖いものはありません。

「幸せ」を求め、幸せになりたいと思っている人は多いのですが、なかなか幸せにはなれないようです。

裕福で、思い通りの生活ができること……これも一つの幸せでしょう。健康で家族みんなが和気あいあいと元気に生活している……これも幸せです。しかし、こうした幸福感は永続する保証はありません。いついかなる時に変化するかもしれません。そういう変化するものを対象にして幸せを感じていくのは、もろいように感じます。

幸せ感の深さは、いかなるものでしょうか?　一度の人生ですから、できれば深い幸せを感じて死んでいきたいものです。どうしたら深い幸せ感を味わえるのか、考えてみました。そして、以下のような解答を得ました。

幸せを求めることが幸せになる秘訣ではなく、人に幸せを与える気持ちになった時、そして人を本当に幸せにできた時、何ものにも勝る幸せを感じるのではないかということです。

イエス様は多くの奇跡を行いながら、社会の隅でうごめく貧しい人々に、生きる希望を与えられました。生きる希望のないことほど、悲しいものはありません。

現代社会にも、そういう人はたくさんいます。行き着く先は自殺です。年間三万人を超える人たちが自ら死を選びます。同じ人間として、同じ時期に地上に産まれて何と悲しい現実でしょうか。

貧しい人にお金を与えても、それはその人にとって、「一時的な幸せ」に過ぎません（もちろん、一時的に助けることも必要ですし、助けられるのであれば助けて上げたいものです）。お金以上の価値を持つもの、それは何でしょうか？ 貧しくてもよいのです。これから先、生きていく希望が見出されれば人間は元気が出ます。努力もします。苦労も喜びに変わります。

後進国に、経済援助して、食料や製品を与えようとしますが、これもひと時の慰めにしかならないのです。それよりも、彼らが貧しさを克服していける教育、技術を与えてやることこそ価値があるのです。私たちにお金がなくても、豊かな愛深い心があれば、他人に対してして上げられることがあるのではないでしょうか。

生きる希望を与える方法は何か、考えてみました。

三重苦といわれたヘレンケラーが、その苦しみを克服し、同じような境遇で苦しむ人たちに希望の光を与えました。どんなに過酷な境遇であっても、他人に対して、「して上げられることがある」ということを示しています。

身体的なハンディキャップを担っている人、経済的な困窮の中で喘いでいる人、希望もなく歓びもなく無感動に生きているような人、同じ人間として、あまりにも哀れで気の毒です。

こうした人たちも、心のどこかでは幸せになることを期待しているでしょう。しかし、その期待は「求める期待」であり、「してもらいたい」期待です。何かを与えられ、してもらったとしても、十分満足という状態は得られませんから、どこまでいっても、幸せ感は得られません。

幸せになろうと思ったら、「他人を幸せにしよう」と思うことです。喜びを共有しようと思うことです。それに気付いた時、自分は不幸だという思いは消えます。そして、その思いを持ち続け、行動している間に、段々と幸せ感が増幅するのではないでしょうか。目に見えない世界からの不思議な力もはたらきかけるからです。これは理屈ではありません。知瑠恵《しるめぐみ》を知った時、知恵から解放された時、体験させられるのです。

これを読んでおられる皆さんの中には、このような過酷な境遇の方はおられないでしょう。結構なことです。気付いて下さい。人に幸せを与えることにより、この人生で本当の深い満足感からくる幸せを体験できるであろうということに。

アメリカが世界に広めるという民主主義

今、世界はどのような状況にあるか考察し、日本の生きる道を明確にしたいと思います。産業革命から飛躍的に発達した技術力、工業力を背景に、いろいろな便利な製品があふれ、生活の便利さ、快適さを手に入れたかに見えました。しかし、それをつくりだす人間の進化は進まず、人間の欲だけが大いなる進化を遂げたのです。

とどまるところを知らない欲望が争いを生み、策略を生み、人間不信の社会を築きました。公害を垂れ流し、産業廃棄物の山を築き、空気、水を汚染させ、安全な食べ物も簡単には手に入らなくなりました。人間は、人間らしい情操を捨て、獣以下の心の持ち主に成り下がったのです。欲望を満たすためなら大量殺人もいとわないような人々が大手を振って歩いております。

なぜ、このような情けない状態になったかお分かりですか？　これを知らないと行動する方向が見えてきません。世界の国々が開発した技術を使い、資源を有効利用して最大人数が満たされるように創意工夫して、毎年毎年少しずつでも生活レベルが向上していく方向に進んでいると実感する人は、残念ながらいないのではないでしょうか。

表向きは世界の平和を求め、飢餓の解消を目指しているように見える国際機関ですが、陰では戦争をあおり、飢餓の民衆が増えるように活動しているのです。ＷＨＯ（世界保健機関）でさえ裏で何を企んでいるか知れたものではありません。

別にWHOに限ったことではありません。ほかにも、WTO・IMFなど国際機関がたくさんあります。これらの機関は、権力を実行するのに都合のよいようにつくられているのです。決して、民衆の福祉・安全・健康・環境を向上させるためにつくられたものではありません。「搾取」「統制」「管理」などを行うためです。

ワールドとか、インターナショナルという頭文字を信用してはいけません。表向きはきれいごとを並べますが、裏では人口削減を目標にして伝染病をまん延させたり、エイズ患者が増えることを画策しているなど、善良な市民は信じることすらできません。九・一一のニューヨークビルのテロによる破壊も、真実はいまだに闇の中です。あのような近代建築が、飛行機が一機、突っ込んだくらいでこっぱみじんになるはずがないのですが、いかなる学者も表立っては、疑問を投げかけません。命が惜しいからです。

アメリカは、世界に民主主義を広めると言いながら、頻繁《ひんぱん》に戦争を繰り返しています。ベトナム戦争が終結したと思いきや、湾岸戦争、そして世界貿易センタービルの破壊から始まったアフガン戦争、そして今なお続くイラク戦争です。日本円で、何十兆円という戦費を使ったそうですが、正常に機能している国家を武力で破壊し、善良な市民を無差別に殺すのです。この金を平和のために使ったなら、世界のテロなど影を潜めるでしょうが、建設的な方向には金を使わず、「テロとの戦い」をうたい文句に、国家テロを繰り返し、破壊を楽しんでいるのです。まさに「悪魔の集団」といっても、過言ではないでしょう。その集団に、拍手して支持する無知な国民がいるのです。

日本人の目覚め

日本政府も平和憲法がありながらアメリカに意見やアドバイスを与えるのでなく、アメリカのご機嫌をうかがって後押しを続けています。憲法違反も意に介さず、自衛隊の海外派兵など、国民が大人しいことをよいことにして、思い通りの、否、思い上がった政治を行っています。このまま進めば、日本の先は真っ暗です。滅びしかありません。

何とかして日本が生き残る道はないものでしょうか。

一つだけ、残されています。それは、日本にだけしかない平和憲法を活用して、「平和を売る国」にしていくことです。

まず、平成天皇の御意思の下に全世界の戦争殉難者を祀る「世界平和神宮院」を、そして戦争放棄を願われた昭和天皇を祀る「昭和神宮」を並びの宮として、歴史的由緒のある尾張、日神山（名古屋市大高町）に建立することです。そして、中部国際空港を活用して世界から観光客を誘致し、「平和」を意識し、感じ取り、癒される世界人類共通の憩いの地にしていくことです。

日本には、広島、長崎の原爆犠牲者の慰霊場があります。さらに神祇《しんぎ》の地、伊勢内宮から始まって、多度天王平、美濃、尾張、三河・幡《はず》頭神社を一周する「民草和気《くさなぎ》」の道へと続く一連の地域があります。また、先ごろ世界遺産に登録された熊野・吉野・高野と続く、人祖からゆかりの深い地域もあります。これらの場所を活用して世界に平和を訴え、「御難賛助」の精神を伝えていくことこそ、人祖の国、日本が世界になし得る、唯一の貢献ではないでしょうか。

これは、「K」さんに与えられた「神の啓示」であり、「日本が生き残る道は、憲法を変えて戦争できる国にするのでなく、天皇を中心にして世界に平和を訴えていく以外にない」とのことです。

どのようにしたら、この構想が実現するか、どのようにしたら、平成天皇がそのように発意されるか、皆さんもお考え下さい。自然を破壊してダムを造ったり、狭い日本に数多く原子力発電所を造ってまでして電力を確保し、これ以上工業を発展させる必要はないのです。

私たちは、そろそろ本気で自分の考えを整理し、固定観念を克服する時期にきているのです。

日本人だけでなく、アメリカ人もイギリス人もフランス人も大方は眠っています。一部の目覚めたアメリカ人、イギリス人は、「イラク戦争反対、軍隊引き揚げ」のデモを行っています。大半の日本人の意識、魂は、いまだに深い睡眠状態にあります。あなたは目覚めていますか？　眠っていますか？　どういう状態を目覚めているというのかお分かりですか？　そのことを考えてみましょう。

魂が目覚めない理由

一つには、生活が忙しいからです。忙しいという字は、「心が亡ぶ」と書きます。忙しい状態は、心、魂が亡んだ状態なのです。朝から晩まで生活に追われる。与えられた会社、職場の目標、指示を果たすため、頭の中はいつもそのことでいっぱいなのです。

家庭に帰れば、育児から子供の教育、家事やら雑用が控えています。余計なことを考える心のゆとりはありません。しばし出来た休息の時間は、野球やサッカーのテレビ中継を観たり、ぼんやりと大して面白くもない娯楽番組を眺めながら、時を過ごしてしまいます。

テレビのニュースは、戦争や殺人、凶悪事件を繰り返し繰り返し報道します。「なぜこのような事件が起きたのか、なぜこの戦争が終わらないのか、なぜこの戦争が始まったのか、誰が何のために仕組んだのか」などの真実を解明する番組は放送されません。

野球シーズンになると、NHKの七時台のニュースでイチロー、松井のヒットやホームランの数が連日放送されます。彼らは日本の代表選手ではなく、個人的理由で活動しているのです。なぜ、毎日、七時のニュースで成績を放送しなければならないのでしょうか？年俸が何億、何十億円などと報道されると、大人も子供も「将来は野球選手になるといいな」と憧れます。ＮＨＫは高い金で放送権を買って、メジャー・リーグの放送を流し続けています。刺激を与え続ける、脳を休ませない、欲望を掻き立てる、そしてアメリカンドリームを売るのです。

一億人に一人の成功率でも、誰でも成功できるかのような錯覚に導くのです。アナウンサー、司会者、評論家などが話す内容は「いつも正しい」と、無批判に受け入れている人がほとんどです。

「真実は違うのではないか」「支配者・権力者の本心はどこにあるのか」など疑問を持って対応する人は、まれです。権力者の思い通りの世界が今実現しているのです。あなたに考える余裕を与えない。テレビや新聞の記事をそのまま信じるような体制を作り上げたのです。権力に都合の悪いことはほとんど、あるいはまったく報道しません。庶民を誘導するための意図的な報道もあるのです。問題意識を持たせない……。これが支配者の秘訣です。そして、「長い物に巻かれ、太いものに呑まれる」体制を築いたのです。

あなたは日本には支配者、権力者はいないと思っていませんか？　あなたの生活を支配、管理、統制するものはすべて権力です。政府、役所、税務署、警察、裁判所、大企業の経営者、そしてマスコミを動かしている人たち、みんな権力です。

我々に影響を与える権力は国内だけではありません。世界を支配している巨大な「闇の権力」が存在しています。このことを知ることが、目覚める第一歩です。

「そんなばかな……」と否定している以上、あなたは眠り続けるのです。

闇の世界権力の存在

「世界の現状」について述べましたが、再度強調しておきます。

世界がいつまでたっても、平穏になってきません。平和な世界は存在せず、絶えずどこかで、血なまぐさい紛争、戦争が起きています。

飢餓も解消されません。ユニセフなどで、世界の子供たちの飢餓を報道し、同情した善意の持ち主が心を痛め、お金や物を寄付したり送るのですが、なぜか何の効果もありません。飛行機でアフリカなど現地へ運ばれた善意の物資は、すべてそこで焼却されているのです。決して困窮している人のところへは届きません。

こんな事実をあなたは信じられますか?「そんなことを信じないし、認めない」という人は、残念ながら目覚めることができません。エイズ、エボラ、ヤコブ病、鳥インフルエンザなど訳の分からない病気が次から次へと発生してきて、医学が進歩しているのに病気は減りません。

企業に就職して朝から晩まで働いていても生活は楽にならず、余裕が生まれてきません。政府がいくら少子化対策を打ち上げても子供は生まれません。結婚しない人、できない人、子供を産まない人、産めない人が増えています。日本の人口は加速度的に減り続けるでしょう。

ベルトコンベヤー式に量産体制に乗せて、大量生産された電化製品、自動車は巷にあふれています。そのおかげで大変、便利になりましたが、なぜか満足感が得られません。物質的には豊かになりましたが、心は虚しさが増幅するばかりです。いつも何かを追いかけている、求めている、追われている……心はくつろげないのです。欲望をあおる、競争心をあおる、不足感を刺激する、「足るを知る」ことができない状態に置かれているのです。

一体、なぜでしょうか？　どうしてでしょうか？　今の状態を故意につくっている、「世界の権力体制」があるからなのです。ブッシュやブレアなどが権力者ではありません。彼らは代理人、演出者に過ぎません。裏で彼らをコントロールしている勢力、それが闇の権力です。

偶然このような状態が出現しているわけではありません。計画に基づいて、このようになっているのです。

国連は、表では平和をうたっていますが、裏では戦争を仕組み、武器商人を暗躍させています。双方にデマを流して憎悪をかき立て戦争させるのです。ワクチンにエイズ菌を混入して、アフリカ原住民六千万人に投与したというニュースもあります。平成十八年五月の国連発表によれば、現在、世界のエイズ患者は六千五百万人、死亡者は二千五百万人で、まだまだ増え続けるとのことです。ＷＨＯなどの国際機関が世界の住民の平安、健康、福祉を考えて行動しているなど、真っ赤な偽りです。

なぜそんなことをするのか？　それは世界の人口を削減するためです。権力者の考える、住みよい人口は十億人～十五億人といわれており、六十五億人の人口を減らさないと大変だという危機感から、この計画が実行されているのです。戦争を起こすのも、人口を減らす目的があるからです。

世界の資源、例えば、原油、ウラン、ニッケル、ダイヤ、金、銀、胴などの鉱物資源は、もう彼らが大半を握っています。食料もそうです。金融もそうです。アメリカのＦＲＢ（連邦準備制度理事会）は、英国のロスチャイルドら個人の持ちものになっています。自由にドル札を印刷して、アメリカ政府に貸し与えるのです。

日本銀行も公立ではありません。認可法人であり、大株主は、やはりロスチャイルドです。日本のお札を見ると、米一ドル札裏面のルシファーの眼・悪魔の眼と同じ眼をアレンジして印刷してあります。これは「万物を見とおす眼」とも呼ばれています。富士山が湖に映った影はシナイ山になっていたり、菊のご紋（天皇家）が引き裂かれたりして、デザインされているのです。日銀内部に、彼らの力が及んでいることを表しています。

新聞、テレビ、ラジオなどのマスコミも、彼らが牛耳っています。もし、彼らに逆らった記事を載せると、一切広告を出してくれなくなります。民放でスポンサーが付かなければば、経営が成り立ちません。このような事件は、今までも実際に起きています。莫大な富と権力で、何でもできる体制をつくったのです。イギリスのロスチャイルド、アメリカのロックフェラーを頂点に、聖書で「選ばれた民」と信じ込んでいるユダヤ人を中心に、世界には「三〇〇人委員会」などの組織があり、大まかな方針を毎年、決めているのです。その方針に基づいて、世界の政治、経済が動きます。「九・一一」のニューヨークビルの破壊も、ここで仕組まれたものであって、偶然起きたものではありません。

混乱と破壊、食糧難など危機的状況をつくった上で、いつか一般住民を奴隷のようにひざまずかせたい、「助けて下さい。何でもしますから」と哀願させたい、というのが彼らの望みです。神の如く振る舞いたいということです。

この大きな権力集団が、世界の政治、経済を操っているのです。日本の政府も、彼らに牛耳られています。もし、政治家、高官が彼らの指示通りに動かなければ横田基地へ連れていかれるそうです。そこで、「行方不明、不審死」が起きると警告されるのです。たいがいの人は抵抗をやめ指示に従います。日本の政治は横田幕府が実施していると専門家は言っています。言うことを聞かされるのです。言うことを聞けば裏で金が動きます。

先の郵政民営化もそうでした。アメリカの強い要望を受けて、竹中、小泉氏が活躍しました。これで小泉氏の役割は終了です。ぼんやりしていると、三百五十兆円のお金がヘッジファンドに持っていかれることでしょう。この金はアメリカの生き残りに使われるはずです。平成十七年のあのような無謀な選挙でさえも国民は何も気付かず、アメリカの思い通り、小泉、竹中の思い通りの選挙をしてしまいました。魂の眠っている国民に、いつか思い知らされる時がくるでしょう。

「万物を見とおす眼」

目覚めるためには、以上の世界の情勢を知ることがスタートになります。闇の権力の存在、日本の政府の行動の裏に秘められたものを知ることです。

徳川時代の鎖国中なら、こんな心配は不要だったでしょう。しかし今では、ついうっかりしていると、奴隷にさせられる時代なのです。奴隷といっても、肉体が鎖に縛りつけられる奴隷ではなく、魂が束縛されコントロールされるのです。人間としての生き生きした自由を奪われ、戦争になれば命を外国に捧げることになります。

「万物を見とおす眼」は、彼ら支配者のものでなく我々が持つべきものです。現在存在する表面の情報のみをうのみにして信じるのでなく、裏で何が行われているのか、その動機、背景、理由は何か、真実を見抜く眼を持たねばなりません。そのためには、まず情報を疑ってみる姿勢が必要です。

日本が大きな痛手をこうむった先の戦争も、本当はアメリカに仕掛けられたものでした。昭和十六年十二月、日本が真珠湾攻撃したのは宣戦布告もせず、「卑怯な行為」と宣伝されましたが、真実は違います。英国がドイツにてこずっている時、アメリカの参戦を要請しましたが、九〇％のアメリカ国民はそれに反対していました。そこで、時のルーズベルト大統領は秘策を考えます。ドイツの同盟国である日本を戦争に巻き込むというものです。アメリカは「経済封鎖」など、日本に無理難題を押しつけ、わざと「日本が戦争を仕掛ける」ように仕向けたのでした。ヨーロッパ戦線に参加するための口実作りに、「卑怯な日本」としてアメリカ国民を怒らせるため、「宣戦布告」も故意にさせなかったのです。ルーズベルト大統領は、日本艦隊が真珠湾目指して進んでいることを暗号解読により事前に知りましたが、関係者の誰にも知らせず、ハワイに駐留中の海兵隊、軍艦などの施設を犠牲にしました。航空母艦だけは、密かに移動させていましたが……。犠牲が大きくないと、アメリカ世論を操作する上でインパクトが小さいので、わざと犠牲が大きくなるようにしたのです。

そのような事実は、戦後五十年たって機密文書が公開され、明らかになりましたが、それを事前に伝えても、「日本が悪い」の一点張りで、真実を信じようとしない人は大勢いたのです。

一人でも多くの人が、早急に気付くことがどれだけ大切か、お分かりいただけましたでしょうか。そして、気付いたら行動することです。何をしたらよいか、何ができるか自分で考えることです。

行動できないとしたら、「なぜ、行動できないか」を考えることです。我欲や私欲や自分さえよければ、という思いがありませんか？　人生はいずれ終わります。魂に悔いを残さない生き方を選択しましょう。

明治維新では、命を賭けて「尊王攘夷」を訴えた人々がいました。松下村塾では、吉田松陰が日本のあり方について門下生を指導し、最後は安政の大獄で切腹させられました。しかし彼の影響は大きく、その後の日本の方向を決めました。

現代の指導者は、まず己の利得を求め、大金に目がくらみ、魂を売り渡す輩が多いのですが、今は、私利私欲を抑え、命を惜しまず、正しい判断をする指導者が求められます。そういう指導者を養成する、援護する強い気持ちが我々にも必要でしょう。

何でも「他人事」と考える国民の未来

因果応報といいます。無知、無関心に振る舞ったことは、必ずその結果が待っています。アメリカはイラク戦争が思い通りに進まず、莫大な赤字を抱えています。沖縄の米軍基地の移設費用、米軍駐留に伴う費用、何でも日本に要求してきます。彼らも余裕がないので、日本への風当たりが強くなります。日本政府は、ほとんど何の抵抗もできず、結局は指示に従うことでしょう。

そうなると、金が不足してきます。どうするか？　まず消費税の引き上げ、サラリーマンの控除の撤廃、各種手当ての支給基準の切り下げ、そして、年金のカット、医療保険の引き上げ……ありとあらゆることを、考え実行するでしょう。もちろん、「日本人」の幸せのためではありません。アメリカの権力に従い、政治家である自分の立場を守るためです。アメリカを支配する権力に日本を売る行為と言われても、仕方ないでしょう。

アメリカには医療保険制度がありません。盲腸の手術を受けると、二百四十万円かかるそうです。癌の手術は治らなくても二千万円以上といいます。金持ち優遇の世界、民主主義の国、理想の国の姿です。以前はアメリカでは、自己破産を認めていましたが、あまりにも対象者が多いので認めなくなりました。なぜ自己破産するのか、大半は医療費なのです。日本も現在は三割負担で推移していますが、アメリカの狙いは日本もアメリカ並みにすることです。いずれ七割負担までいくだろうと言われています。

とにかく、「力も金もない奴隷」を作る目的で進めているのです。何の危機感も持たず、のんびり野球やサッカーに、うつつを抜かしている時ではありません。冬季オリンピックに、百十六名の最大規模で臨んだ日本人の意識は、「危機感」のない現れです。一時間あたり七十億円以上の規模で借金が増え続けているのです。平成十八年は、前年同期比、六十二兆円の借金の増額です。

年収四百万円のサラリーマンが一年間で六百二十万円の借金をしたのと同じです。毎年、それ以上の借金をしなければ、やっていけないという状況なのです。総理大臣も、閣僚ものんきなものです。まったく意に介しておりません。自分の責任でないと思っているからです。日本を何とかして救わなければという気概は皆無です。自分の任期中さえ、持てばよいと思っているのです。その程度の政治家を応援し、選挙で当選させてきたのです。郵政のお金も取られてしまえば、もう日本は丸裸です。

そして最後の砦、それが健康保険制度の解体です。ここまでいけば、日本人を「奴隷」状態に持っていけるのです。世界の支配者、権力者は、この先、日本人をどのように料理してやろうかと心躍らせていることでしょう。

気付きましょう。

目覚めましょう。
一刻も早く……。

エピローグ

眠れる多くの日本人の魂が目覚めてくれることを願って、この本を書きました。日本は「人祖」の国であり、日の本、丹《に》の本の国です。

「日出ずる丹《に》の本の国」というのは、世界広しといえども、日本しかありません。日本は世界の中の特別な国、世界に責任を負う国なのです。世界の人々を「人類の存続、繁栄」のために、リードしていかなければならない国なのです。

アメリカの後を追いかけている時ではないのです。アメリカの「言いなり」になっていてはいけないのです。神が期待する国、わが祖国、日本の真の「値打ち」に気付く時です。人祖が最初にされたことは、「御難賛助」すなわち、戦わない、争わない国づくりです。

そして、天皇の血を消すことなく、万世一系を存続させてこられたのです。天皇は象徴であり、あってもなくてもどちらでもよいと思われるなら、人祖の想いと異なるでしょう。

天皇を敬うことから平和が維持されるのです。

象徴を失った時、残るのは混乱であり、収拾のつかない世界なのです。

平和な日本であったのに、初めて武力で権力を握った神武勢力が、その後の歴史で永続し多くの人が犠牲になりました。人祖の子孫・丹生家でありながら苦しみを味わった人たちも、いまだに差別の世界から完全には解放されておりません。何の罪も何の根拠もないのに、差別を受けなければならない人たちを放置してはならず、彼らにいたわりと敬意を払うべきでしょう。

権力で民衆を統制し、思い通りにひざまずかせることに「快感」を味わう悪魔のような存在を目指すのでなく、何の統制もない状態でも大きな「和」が保たれる社会づくりに「歓喜」を味わいたいものです。

神武勢力が日本の歴史を改竄《かいざん》したばっかりに、多くの矛盾が吹き出しました。人祖が三十八名のお子を産み育てられた事実は、空海が密教として伝えてこられましたが、秘密を守るため命がけのことだったのです。

今、こうして、超古代の真実が公になり、命の危険もなく伝えられることになりましたが、その意味をくみ取らねば何にもなりません。人祖が示し置かれたことは、「八和幡《やわた》之大神」のもと、その大霊神理気のもとに、動物、植物、人間が、恵みの連鎖でもって、生かし合い、助け合い、育み合って、永遠に進化発展することを願って、地上界に降ろされているという事実です。

そして、正義と良心の神、「大正腑・天神」の大御意思《おおみごころ》をくみ取り、生活を正していくべき時です。

今の人間の姿はどうでしょうか。貪欲に支配され傲慢になり、やりたい放題、神の霊神理気の存在すら、感じない状態になっているのです。親が子を殺す。子が親を殺す。動物の世界以下に成り下がりました。

私は、「K」さんの情報を基に、この本を書かせていただきましたが、「K」さんには人祖が直接、指示指導されています。「人祖」といえ、神です。今までの歴史上、人祖が直に、特定の方に頻繁《ひんぱん》に指導されることは、なかったことでしょう。

それほど、人間社会が堕落し、崩壊、破滅に向かっているということなのです。時間がない。捨てては置けない。そんなお気持ちでは、ないでしょうか。

幸運にも、この本を読まれた方は救われます。魂の眼を覚まして、「今何をすべきか。いかに生きるべきか」考えて下さい。ゆっくり勉強している時ではありません。考えながら行動し、生きる時です。世の中のために、世界の平和のために、未来の子供たちを守るために、行動して、人祖にお返ししなければなりません。

この本を読まれて、神の存在、実在を感じていただけたと思います。空想の世界、想像の世界ではないのです。現実の世界です。

人祖は、何を期待されているでしょうか? まず、世界から争いを取り除くことです。武器を持たずともよい世界を実現することです。そのためには、政治を変えねばなりません。教育の中身も変えねばならないでしょう。「人生は金次第」という価値観を変えねばなりません。便利ではあるが、のどかな縄文時代に戻るべきではないでしょうか。

際限なく生産し富を求めることが本当に正しいことか考えましょう。空気と水を昔のようにきれいにしましょう。贅沢に歓ぶのでなく、質素の中に快適さを求め、心を自立させましょう。マスコミに完全にマインドを支配され、踊らされてはなりません。オリンピック、サッカー、野球……それらを楽しむのは結構ですが、魂まで奪われてはなりません。するべき大切なことを忘れて、うつつを抜かしてはならないのです。

世の中を変える一歩は想いからです。

そして、行動です。「六根同時意発」という言葉を学ばれたと思います。平和と心の平穏は努力しないと逃げていきます。いったん、平和を逃したら、もう取り返しがつかないのです。堤防の決壊も蟻の一穴からといいます。油断していると、手遅れになるのです。

生きる自信のなかった人は、この本を読まれて変わられたと思います。本当にこの本の内容を理解されたら変わるのです。ぼんやりと時間に流されていた人、あなたも変わるでしょう。仕合わせになるには、どうしたらよいか、分かっていただけたと思います。

知恵と知《し》瑠《る》恵《めぐみ》の違いも、お分かりいただけたことでしょう。権力や富を追求するだけでは、知恵の人生です。

「そんな生き方を選ぶな」と人祖が教えておられます。

『人生』とは、生まれてから死ぬまでと考えるのが常識ですが、本当は違うのです。もっともっと連続していく生命として考えたほうがよいのです。

今回の人生は、寿命がくれば終わります。誰でも平等にその時は訪れます。自分の人生を総括する時、何が残るかを考えておくべきです。お金とか、名誉とか、裕福で快適な生活は、本来の目的ではないので総括されません。あなたがこの世の中に何をしたか？　あなたの才能をどのように生かしたか？

あなたの生きた生きざまを、あなたが満足に評価できれば最高の人生です。残りの人生を無駄にしないよう、一日一日を積み重ねていきましょう。

私の言いたかったことを理解していただき、感謝します。

一人でも多くの方にこの本が読まれるよう、あなたのお力をお貸し下さい。特に、「政治に携わる方々」に読んでいただきたいのです。この血生臭い殺伐とした世界が、目覚めた日本人によって少しずつでも変化していってくれるなら、こんなにうれしいことはありません。

情報源の「K」さんに心からお礼を申し上げます。

著者プロフィール

後藤 まさし

1940年生まれ。
名古屋工業大学卒業。
30歳頃から多次元宇宙産に興味を持ち、
「眼に見えない世界（施津）」の探求を
続ける。現代の社会情勢に危機感を持ち、
啓蒙活動を続けている。

「超古代」の黙示録

2006年 8 月15日　初版第 1 刷発行
2022年11月 1 日　初版第 4 刷発行

著　者　後藤 まさし
発行者　韮澤 潤一郎
発行所　株式会社 たま出版
〒160-0004 東京都新宿区四谷4-28-20
☎03-5369-3051（代表）
http://tamabook.com
振替　00130-5-94804

印刷所　東洋経済印刷株式会社

ISBN4-8127-0215-1 C0011